TRAP TALES

OUTSMARTING THE 7 HIDDEN OBSTACLES TO SUCCESS

やってはいけない7つの「悪い」習慣

成功をひそかに妨げる「人生の落とし穴」

デビッド・M・R・コヴィー
David M.R.Covey
スティーブン・M・マーディクス
Stephan M.Mardyks
野津智子 訳
Tomoko Nozu

日本実業出版社

TRAP TALES:

Outsmarting the 7 Hidden Obstacles to Success

by David M. R. Covey & Stephan M. Mardyks

This translation published under license with the original publisher
John Wiley & Sons, Inc. through Japan UNI Agency, Inc., Tokyo

やってはいけない7つの「悪い」習慣

「罠は、私たちを捕らえ、不健全なサイクルを延々と繰り返させる。本書の貴重な英知に従えば、本当の意味で解放されるかもしれない。本書は、そういう自由へのカギなのだ」

——**ブライアン・トレーシー**　『カエルを食べてしまえ！』（ダイヤモンド社）、『ブライアン・トレーシーの話し方入門』（日本実業出版社）などの著者

「実に素晴らしい作品だ！　本書では、人生の旅を障害だらけにしかねない7つの罠が明らかにされる。本書を読み、その優れた知恵を実践して、最高の人生を歩もう」

——**ケン・ブランチャード**　『新1分間マネジャー』『ケン・ブランチャード リーダーシップ論［完全版］』（いずれもダイヤモンド社）などの著者

「人生や仕事で多くの人の足を引っぱるものごとを特定している。そして、然るべきところに注意を向けて、そうしたものごとを乗り越えるための、具体的な一連のテクニックを提供している。本書は、なかなか変えられないことを変えられるようにするための、わかりやすい手引き書なのだ」

——**デビッド・アレン**　『全面改訂版　はじめてのGTD　ストレスフリーの整理術』（二見書房）著者

やってはいけない
7つの「悪い」習慣

◆

目次

カバーデザイン　重原隆
本文デザイン　松好那名(matt's work)
DTP　アイ・ハブ

スティーブン・M・R・コヴィーによる序文

兄弟は血がつながっているのだから、おのずと信頼し合うものだ。そう思うかもしれないが、例外的な家族も中にはある。幸い、わが家は例外ではなかった！

私は、本書の著者の一人であるデビッドを、彼が生まれたときから知っており、この序文を書けることをうれしく思っている。本書は、読者のみなさんの考え方を変え、今後の人生に影響をもたらすかもしれない優れた本なのだ。

私はデビッドと血がつながっているが、それだけではなく、一緒にさまざまな仕事をしてきて、心から彼を信頼している。

信頼するのは、兄弟だからというだけではない。

彼の人柄がたいへんよいからというだけでもない。

むろん、信頼を得るのに人柄がよいことは不可欠だ。だが、能力もまた然りである。そしてデビッドには、目を見はるほどの能力——抜群の直観力、可能性、バランスのとれたものの見方、専門知識がある。彼と仕事をした人は、これほど優れたリーダーには会ったことがないと、口をそろえて言う。そのうえ、一緒にいて楽しい。デビッドは、きわめて誠実で、みんなを心から大切にし、どんなことでも楽しくて仕方のないものに変えるのだ。

本書のもう一人の著者であるスティーブンは、私が提唱する「スマート・トラスト（賢い信頼）」を信奉する、フランス系テキサス州民だ。敬愛を込めて、私は彼を「同業者組合《ギルド》のふしぎな国際人」と呼んでいる。あちこちへ赴き、さまざまなものごとを見て、世界中の人や組織の向上のために多大な貢献をしているからである。人柄と力量の点ではデビッドと肩を並べ、特徴や本質を見抜くキュレーターの素質もある。

スティーブンの抜群の行動力と、相手を信頼する見事なやり方を示すエピソードを紹介しよう。拙著『スピード・オブ・トラスト』（キングベアー出版）の発売後に、私はスティーブンと会った。私たちのプログラムを、スティーブンの会社によって、世界中へ広めてもらうためである。スティーブンは、じっくり耳を傾け、いくつか質問し、それから片方の手を差し出して言った。

「これは大きな仕事になりそうです。ぜひ、やりましょう。あなたを信頼します。何も心配はいりません」

これだ！　延々と交渉することもしなければ、法的な取り決めをだらだら話し合うこともしない（もちろん、わずか三〇分の会合の間に下したビジネス上の決定について、詳細はのちに詰めた）。スティーブンとの対話は、「信頼」について私が著書に書いている原則を、強力に裏づけているのである。

デビッドとスティーブンが強力なタッグを組んでから、もうずいぶんになる。本書も、二人が互いの強みを活かし、弱みを補い合って生まれたものだ。どちらも、「やると言ったらやる」タイプである。そして両者とも、着実に結果を出し続けている。起業家精神にあふれ、たぐいまれなビジネスの才能を持ち、人々のやる気を引き出すようにリーダーシップを発揮し、信頼の輪を自然に広げていくところも共通している。二人とも、人々を信頼しており、その気持ちと、優れた考えや分析とのバランスをとって、賢明な判断を下している。

二人が物語を書き、読者のみなさんが仕事や人生で成功しやすくなる原則を伝えようと思ったことは、何の不思議もない――言葉より行動を、そして素早く効果的に学ぶことを、二人とも重視しているのである。

では、あなたがこれから読もうとしている物語について、紹介しよう。

人生にひそむ罠を回避するためには、まず、それが「罠だ」とわかる必要がある。主人公アレックスの気づきを、自分の経験として、心にとどめよう。アレックスは、家族ぐるみの友人であるヴィクトリアのコーチングによって、デビッドとスティーブンが「成功をひそかに妨げる七つの罠」と呼ぶものに、愚かにも自分がとらわれていることに気づく。七つの罠にアレックスが受ける影響は、仕事の面だけではない――私生活や家庭生活に、はるかに大きな影響がもたらされるのだ。

そうした罠は、きわめて魅惑的で、はっきり罠とわかるとはかぎらない。幸い、これらの罠から抜け出すことを、アレックスは選択する。しかしながら、物語の目的は、アレックスの変化に安堵することではない。ありがちなこの七つの罠がどのように私たちをとらえ、抜け出せなくするかという点に、スポットライトを当てることである。

七つの罠の中には、あなたがかかったことのないものがあるかもしれない。だが今後、あなたか、あなたの大切な誰かが、知らぬ間にこれらの罠にかかって、身動きがとれなくなったり、悪影響を受けたり、あるいは制限を設けられたりしてしまうことがあるかもしれない。少なくとも、達成できることを達成したり、なれるものになったりする道を外れてしまうことがきっとある。本書のアレックス同様、罠から抜け出すには時間がかかることもわかるだろう。だが、抜け出すこと自体は可能だ。

デビッドとスティーブンは、七つの罠を明らかにし、その一つひとつに対応する「啓示的《エピファニー》ブレイクスルー」を示している。これは、私たちの父、スティーブン・R・コヴィーの作品『7つの習慣』(キングベアー出版)に詳しい読者にとっては、父が「パラダイム・シフト」と呼ぶものの別名である(パラダイムが変わりうることは、むろん私も承知している)。

この啓示的《エピファニー》ブレイクスルーは、真実を悟る瞬間であるだけではない。実は、その後の全人生を変える可能性がある。

父はよく、トーマス・クーンの著書『科学革命の構造』（みすず書房）を引用し、科学における大半の飛躍的な発展《ブレイクスルー》は真実、「破壊すること」であった、つまり伝統的な考え方を思いきって壊すことだったと述べた。

これとまさに同じことを、デビッドとスティーブンは七つの罠に対して行っている。すなわち、一般によいとされる知恵に頼るのではなく、「そうだったのか！」と叫びたくなるような方法を彼らは提供する。みなさんが、前進する新たな方法を理解——そして選択——して、罠から抜け出すことと、将来的に罠にかからないようにすることの両方ができるようにするのである。

七つの罠と、それに対応する啓示的《エピファニー》ブレイクスルーは、どこで生まれたのかと思うかもしれない。もし、人や組織のパフォーマンス向上に関する書籍を何百冊も読めたとしたら、どうだろう。その著者たちと徹底的に意見を交換できたとしたら、どうだろう。彼らのプログラムに参加できたとしたら。事業が拡大すれば、コミュニティや国に影響をもたらすが、その際に直面する課題について、数十カ国で数百人の独立ビジネスオーナーに話を聞いたとしたら——。

これがまさしく、デビッドとスティーブンが行ったことである。二人は共同でＳＭＣＯＶ

社を運営している。同社は、著者やトレーニング会社が、著書あるいはプログラムを通じて、世界規模の読者・視聴者に合ったアイデアやアプローチを考案したり工夫したりするのを手助けしている。このたぐいまれな事業は、フランクリン・コヴィー、ドア・インターナショナル、レイセオン・ラーニング各社の過去の経営陣が果たした役割と相まって、今日多くの人を悩ませる重大な課題に対し、きわめて具体的なアプローチを提供する。

彼ら二人は信頼に値する。見る目もたしかだ。七つの罠は現実であり、無知な人や愚かな人を陥れる。私は、信頼について書いた私自身の著書のこと、身をもって経験するまで人々が信頼の重要性に気づかないことを思い起こさずにはいられない。みなさんはきっと、本書の物語と、そこで示される罠によって、自分の行動と喜びに、ひいては仕事と人生の行く末に、大きな影響を受けるだろう。

ひょっとすると、本書がくれる最大の贈り物は、希望かもしれない。もし、この物語の主人公同様、こんな目に遭うなんてと思うような罠に一つ以上かかってしまったら、その罠からは抜け出せると気づくことが重要だ。抜け出したら、二度とかからないこと。そして、大切な人たちも、罠を抜け出し、二度とかかることがなくなるように、手助けしよう。その過程で、自信が増す――自分を信頼する気持ちが強まる――という恵みをあなたは受け取る。そして、信頼するに足る人物になり、その事実を、本当に素晴らしいプレゼントとして、人々に贈ることになるのだ。

スティーブン・M・R・コヴィー

フランクリン・コヴィー・スピード・オブ・トラスト・プラクティスの共同創設者、グローバル・プラクティス・リーダー。『スピード・オブ・トラスト』の著者。コヴィー・リーダーシップ・センターの元CEO。

第1部

はじめの一歩

TRAP TALES

OUTSMARTING THE 7 HIDDEN OBSTACLES TO SUCCESS

物語が始まる

真新しいゴージャスなオープンカーのアクセルを、アレックスは軽く踏んだ。その顔に、自然と笑みが広がる。黒いつややかな車体が、アレックスの抑えきれない興奮を伝えるように、時速〇キロから、一気に一〇〇キロへ、スムーズに加速する。

「人生はこうでなくちゃな」。ハイウェイの追い越し車線に合流しながら、アレックスは感慨深げに言った。「新しい革シートの、このにおいがたまらん」

南カリフォルニアの太陽が照りつける。そのうえ風に髪を激しくあおられ、アレックスは、ボタンを一つ押して、オープンカーの幌《ほろ》を閉じた。バックミラーに映った自分をちらりと見やり、おっと思った。キマッてる。これほど若々しい気分になれたのは、久しぶりだ。

家に着くまで、あっという間だった。すぐに、つやつやと輝く新車を、ロサンゼルスの高級住宅地区にある自宅前にとめる。いやでも目を引く新しい車に、妻と子どもたちが興奮しないはずがない。買ったばかりのこの派手な車を自慢したときの妻たちの反応を、彼は見るのが待ちきれない思いだった——それは、断ることなど到底できない、まさしく掘り出し物だったのだ。試乗後すぐに、ローンの頭金について話をし……気づいたときには、新しい車をディーラーの駐車場から外に出していたのである。

アレックスは、年齢に似合わない身軽さで階段を駆け上がり、玄関に入った。

「キムも子どもたちも、来てごらん。すごいものがあるんだ！」と声を張り上げる。

入ってすぐのリビングでくつろいでいたティーンエイジャーの子ども二人が、わずかに顔を上げ、父親を見る。机に向かい、入念に家計簿をチェックしていた妻のキムも、怪訝《けげん》そうな表情を浮かべて目を上げる。

「何なの、そんなに興奮して」。キムが聞く。

「見ればわかるよ」。そう言って、アレックスはキムの手をとり、引きずらんばかりにして玄関の外へ連れ出した。

だが、家の前にとめられたピカピカの新車を目にするなり、キムの足がぴたりと止まった。顔に、不信と絶望の入り混じった表情が浮かぶ。それは、アレックスが期待していた反応ではなかった。

「何だよ。どうしたっていうんだ」。不安になって、彼は尋ねた。

キムは、今にも倒れそうな様子で、階段に座り込んだ。「アレックス、なんてことをしたのよ。あなたの車はどこ？　このオープンカー、どこで買ったの」。あえぐように、キムが訴える。

「最高の掘り出し物だ。考えるまでもなかった！　金ならあったし、八〇〇〇ドルを頭金にしたら、金利を最低にできた」

「あなた、まさか……。冗談でしょ！」

「あのさ、キム。反応が過剰だよ」。アレックスが言う。

「反応が過剰、ですって？」

信じられないと言わんばかりに、キムが応じた。

「あの八〇〇〇ドルは、家族でハワイ旅行へ行くためにとっておいたのよ！　丸一年かけて貯めたお金だったのよ！　それをいきなり、何もかも台無しにしてしまうなんて……それも、あなたひとりが欲しがってるもののために。藪《やぶ》から棒に？　何の相談もなく？　信じられないわ！」

「けど、こんな掘り出し物には二度と出会えないぞって、チャズが言ったんだ。迷ってるヒマはなかった」とアレックスは主張した。

「また、チャズ？　その名前を聞くのは、ほとほとうんざりよ」。怒りもあらわにキムは言った。

アレックスの友人で同僚でもあるチャズは、ことあるごとに自分と同じ生き方をアレックスにもさせようとした。それはつまり、浪費することだった――少なくとも、キムにとっては。

チャズは独身であり、彼と自分たちの生活スタイルには何の共通点もないのだと、キムはアレックスにこれまで何度となく注意してきた。キムに言わせれば、チャズはろくでもない影響をもたらす悪友だった。ビーチ・リゾートで豪勢にゴルフをするのももってのほかだが、特別にとっておいた八〇〇〇ドルを、贅沢きわまりない新しいオープンカーを買う頭金に使ってしまうのは、いくらなんでもやりすぎだ。今まで乗っていたセダンはどうしたのだろう。買ってから、まだ三年と経っていない。

「何も心配いらないよ。うそじゃない。クレジットカードがもう一枚あるから、ハワイ旅行の費用はなんとかなる――大丈夫だ」

「これ以上カードの支払いが増えるなんて、冗談やめてよ！　私たち、借金だらけなのよ、アレックス！」

キムが怒りで声を張り上げる。

「明日、あの車をディーラーに持っていって、お金を返してもらってきてちょうだい。あなたに新しい車なんて必要ないし、私たちにこれ以上、借金はいらないわ」

「それは無理だ。手付け金も払ったし。それに、前の車を破格で下取りしてもらった。こんないい話を逃す手はないって、チャズも太鼓判を押してる。チャズは何度も高級車を売ってるから、こういうことに詳しいんだ、キム。さあ、ドライブに行こう。乗り心地のよさがわかれば、気持ちが変わるよ」

「これ以上、あなたと話す気はないわ、今夜はもう。あなたがあの車を返すか、私が来週ハワイに行かないか、二つに一つよ」

「キム、頼むよ。もう決まったことだ。馬鹿を言うのはやめてくれ。ハワイへはもちろん、行くよな」

「私は本気よ、アレックス。どっちにするか、決めて」

キムは猛然と家の中へ戻り、ばたんとドアを閉めた。

その夜、アレックスとキムは別々の部屋で寝た。翌朝、ピカピカの黒いオープンカーに乗って出勤したアレックスを、駐車場でチャズが待っていた。

「それに乗ると、かっこよく見えるな。今週末のデートのために貸してもらえないか」

アレックスは笑って尋ねた。「今週は誰とだ。ジャスミンとは続いてるのか?」

「ジャスミン?」

かすかに嫌悪をにじませて、チャズが言った。

「二週間前に別れたよ。今はダーシーだ」。スマートフォンを差し出し、新しい恋人とビーチで撮ったセルフィー（自撮り写真）を見せる。

「いい感じじゃないか。だが車を貸すのはちょっと。彼女が革のシートに飲み物をこぼすかもしれないからな」。アレックスがふざけて言った。

「ちがいない」。チャズが笑った。「さて、営業に行くとするか」

昨晩の脅しのような言葉をキムが本気で言ったのかどうか、アレックスはじっくり考える暇がなかった。その日は、会議と電話応対が次から次へと続き、休む間もなかったのだ。やっと仕事が終わると、チャズと何人かの同僚は一杯やって、スポーツ観戦に行くという。アレックスは付き合いが悪いと思われたくなかった――それに、キムと顔を合わせるのが、どうにも気が重かった。彼は、ちょっとだけと思い、一緒に行くことにした。

気がつくと、もうじき九時だった。そんな時間になっているとは夢にも思わず、アレックスはあわててその場を抜けた。一度、キムからの着信がある。もしかして、実はそれほど怒ってないんだろうか。今日の夕食には何を作ってくれたんだろう……。

家に帰れば小言を言われるにちがいなかったが、帰り着くまでのオープンカーを走らせる時間を思うと、笑みを浮かべずにいられなかった。運転席に座り、革ハンドルをしっかり握って、駐車場から車道へ出る。「何から何まで完璧だ。キムもきっとわかってくれる」とアレックスは思った。「ちょっと時間がかかるだけだ」

ほどなく、スタイリッシュなオープンカーの運転に、アレックスは夢中になった。最高の相棒であるかのように、軽く操作するだけで思いどおりの反応をしてくれる。彼は、遠回りして帰りたい気持ちをぐっと抑えた——これ以上、キムを怒らせるのはまずい。ドライブウェイ（自宅の私道）に入り、ガレージの扉をあけた。だが、キムの車がない。何か用事で出てるんだろう、とアレックスは思った。

キッチンに入ると、息子のマイケルがテーブルで数学の宿題をしていた。

「ただいま、マイキー、ママはどこへ行ったんだ？」

教科書に顔をうずめたまま、マイケルが答える。「今度こそ、地雷を踏んじゃったね、パパ」

アレックスの気持ちがぐっと沈んだ。いったい、どこへ行ったんだ。階段を上り、夫婦の寝室に入ると、ベッドの上に置き手紙があった。

アレックスは封筒を破ってあけた。

アレックス、あなたの身勝手さ、軽率さには、本当に愛想が尽きました。私はサンフランシスコへ行きます。先月、オファーのあった仕事のことを覚えてる？　行って、確かめてこようと思うの。そのポストはまだ空いていたから、私が引き受けるかもしれないことを知って、とても喜ばれたわ。自分の言葉を気にかけてもらえるって、うれしいわね。私たち、問題をきちんと解決できるまで、しばらく距離を置いたほうがいいかもしれない。あなたたちがハワイから帰ってきたら、話し合いましょう。子どもたちにはもう話してあります。私がいない間、子どものこと、よろしくね。

——キムより

アレックスはすぐ電話をかけたが、キムは出なかった。メールを送っても、返信はない。これは何かの間違いだと、アレックスは思いたかった。なぜキムは、こんなことをするのだろう。子どもたちの面倒を、誰が見るのだろう。それも、このタイミングで！

無理無体を突きつけられ、アレックスは打ちのめされる思いだった。キムの行動を理解できず、仰向けにベッドに倒れ込む。

天井を見つめるうちに、怒りで涙があふれ、視界がかすんだ。なぜ、何もかもだめになってしまったのだろう。一つひとつのすれ違いは些細でも、度重なれば限界を超えるということなのだろうか。

一週間後、アレックスはひとり、ホテルの三四階にある部屋のバルコニーに立って、太平洋を見渡していた。寄せては返すハワイの青緑色の波にぼんやり目をやり、大波が寄せて泡立つのを見つめる。

子どもたちは、春休みをめいっぱい楽しもうと、すでに水着に着替えてビーチへ向かっていた。ローラは、高校のＡＰコース（高校生に大学初級レベルの授業を提供するコース）の授業から解放されてほっとしていたし、勉強好きのマイケルでさえ、中学校が終わるのを待ちわびていた。休みの間は友だちと遊びたいと思っていた二人だが、たとえ父親と一緒に過ごすことになろうと、一週間のハワイ旅行を逃す道理はなかった。

アレックスが最後に休暇をとってから、三年以上になる。その間、子どもたちには、余裕のあるペースで生活できるようになったらハワイへ連れていくと、何度となく約束してきた。だが、余裕のあるペースになど、全くなる気配がない。それどころか、今やいっそう忙《せわ》しなくなりそうな雲行きだった。

アレックスは思った。時間を止めて、この美しい風景の中にとどまり、カリフォルニアに置いてきた現実を忘れられたらいいのに、と。この先どうなるのかわからず、いつもの自信は消え失せ、代わりに不安と孤独が渦巻いている。妻がこれから何をするつもりなのか見当もつかなかったが、知るのもいやだという気がした。

心に重くのしかかるあれこれを振り払うように、肩をすくめる。朝は朝で、バスルームで鏡を見たら、髪が、薄くなり始めているだけでなく、白髪が目立つようになっていた。だが、打ち寄せる波を眺め、その音に聴き入るうちに、気持ちが穏やかになってきた。彼は、これまでの人生で起きた重要な出来事を一つずつ、振り返った。

アレックスとキムが出会ったのは、大学一年のときだった。二人はキャンパスで、何度となくばったり出くわした。二年間、仲のよい友人として付き合い、その後、愛が芽生え、恋人になった。結婚したのは卒業してまもなくだ。初めは経済的に楽ではなかったが、2人は気にしなかった。若く、優秀で、大きな夢があり、何より重要なことに、愛し合っていた。

ハネムーンで泊まったのが、まさにこのホテルだった。自分もキムもこの上ない幸せに包まれていたこと、二人の未来が洋々として広がり、何でもできる気がしていたことを、アレックスは思い返した。何より、人生に二人で立ち向かえることが、心強かった。

あのとき、キムはどんなに愛しそうに彼を見つめていただろう。どれほど楽しい時間を、二人で過ごしたことだろう。

その夜、キムのせいで素っ裸で泳ぐ羽目になったことを思い出して、アレックスは笑みを浮かべた。キムは、ビーチに置いた彼の水着を取り、ホテルへ走って帰ってしまったのだ。二人は、砂の城をいくつもつくった。熱帯林を自転車で走ったり、見たこともないほど色鮮やかな魚とシュノーケリングをしたりもした。忘れ得ぬ思い出だった。

初めて就いた仕事で、アレックスはかなりの収入を得た。だが、稼ぐそばから気前よく使い、できうるかぎりの贅沢をした。貯金は全くしなかった。

アレックスが修士号を取ろうと決めたために借金が増えてしまったが、より上の学位を取ることで、給料の高い仕事に就き、チャンスを増やすことにつながった。キムは、キャリアアップしようとした矢先に、ローラを身ごもった。三年後にはマイケルが生まれた。数年が経ち、キムは会計士として仕事に復帰したが、彼女の収入があってなお、足りているとは到底言えなかった。住宅ローン、車のローン、生活費、クレジットカードの支払いが、年を追うごとにかさんでいった。

キムがいくら言っても、アレックスは貯蓄と投資の習慣を身につけることができなかった。ボーナスが出たり昇進したりしても、そのたびに多額の金が、羽が生えたように出ていった。二人の支出はもう、収入と釣り合わないほどにふくらんでいる。アレックスはたびたび、かつ気前よく、クレジットカードで買い物をするようにもなった。

最初から、アレックスは何かと理由をつけては、金を使うことを正当化した。贅沢品が、必需品になった。チャズのような仕事仲間とゴルフができるよう、カントリークラブのメンバーにならなければならなかった。仕事仲間とペースを合わせるために、金のかかる休暇を過ごし、クルージングをする必要もあった。さらには、最高級の腕時計や最新のＩＴ機器に目がなかった。アレックスは、そういうライフスタイルで育ったため、そのような金の使い方は、彼にとっては贅沢ではなかった。結婚して二〇年になるというのに、二人には貯蓄は皆無で、退職に備えた預金もなく、借金だけが山のようにあった。

勤め先の会社が資金繰りに行き詰まるようになったとき、アレックスは突然、解雇された。ずっとトップの成績をあげ続けていたため、まさかリストラの対象になるとは思いもしなかった。会社が時代から取り残されて分裂することも、自分が給料の高い仕事を失うことも、想像だにしたことがなかった。

当時のことを、アレックスは鮮明に覚えている。七年前の光景が、脳裏によみがえった。

その日、彼はふだんよりずっと早い時間に帰宅した。ふつうは六時か六時半で、三時半に帰ったことなどない。在宅勤務の日だったキムは、ランドリールームで、洗って乾いた大量の衣類を一枚一枚たたみ、積み上げていた。

「あら、あなた」。そう言ってキムは微笑んだ。「こんなに早く、どうしたの」

「会社をクビになった」。ショックのあまり、アレックスは藪から棒に言った。

「何ですって？」キムの手から、たたみかけのシャツが落ちた。「冗談よね？　あなたはあの会社の優秀なエグゼクティブ（上級管理職）だもの。クビになんかなるはずがない」

「そうさ、そう思ってたよ。問題は僕じゃない。どうやら、資金不足になって、倒産に追い込まれたらしい。誰も彼もが突然、仕事を失った」。戸惑いを隠しきれないまま、アレックスは言った。

キムが考え込むような様子を見せた。「こうなることを知っていた人はいる？」と彼女は尋ねた。

「僕は知らなかった。上司は知っていたと思う」。アレックスが答える。

「そりゃ、会社が資金繰りに困っているのはわかってた。だが、底をつくなんてことがあるか？　そんな馬鹿なこと、あるわけがない」。彼は怒りをぶちまけた。「いったいどうすれば、資金を増やす計画を持たずに経営できるんだ？　あまりに無責任だろう！」

アレックスが勤める会社は、三五年の歴史があり、全盛期には年間約五億ドルの収益をあげていた。非上場企業としては悪くない収益だったが、経費の管理の仕方がとにかくまずかった。最新の年ではおよそ三億五〇〇〇万ドルに収益が下がっていたのに、それに応じて、支出を調整することもなければ、従業員数を減らしもしなかった。

「それで、これからどうするの」。声に不安をにじませて、キムが聞いた。

「新しい仕事を探すよ」。アレックスが沈んだ様子で答える。

「今はかなり厳しい時代よ。この六カ月の間に国全体でどれくらいの人が仕事を失ったか、考えたことある？　職探しに、いったいどれくらい時間がかかるかしら。私たち、外食を控えないといけないわね。物入りなカントリークラブを退会することもできるんじゃない」

キムが、落ち着かない様子で歩きながら、ほかにも節約する方法を挙げる。

「キム、キム」とアレックスは手を伸ばし、キムの手を取ろうとした。「心配いらないよ。極端に切り詰める必要はない。なんとかなるさ」

キムの表情には、彼の言葉を信じたいと思う気持ちが見て取れた。だが、それとは別の気持ちも浮かんでいた。

アレックスは回想から我に返った。二人はなんとか苦境を乗り越えたものの、アレックスが思った以上に時間がかかった。八カ月にわたって彼は新しい仕事を探し、六年前にようやく、今の勤め先に落ち着いた。給与と諸手当に関してプライドを捨てるよう、キムに諭されなかったら、もっと条件のいい仕事を探し続けていただろう。彼には、販売担当の有能なエグゼクティブとして七年の実績がある。彼の持つ貴重なスキルに対し、なぜ企業は喜んで高い給与を出そうとしないのか。

　アレックスの過剰な自信と甘い楽観主義は、解雇されたのちにみごとに打ち砕かれた。何より困ったのは、前職の六〇パーセントしか稼げなくなってしまい、快適なライフスタイルの見直しを迫られたことだ。カントリークラブを退会したり、リッチな休暇や最新機器をあきらめたりするのは、考えるのもいやだった。それは無理な相談というものだ。むろん、借金がありすぎるのはだめだ。ただ彼は、これまでずっと、いつもいくらかは借金を抱えていた。

　アレックスはこのところ、仕事のことでストレスがたまり——さらにはキムとも喧嘩して——、状況の深刻さに、きちんと向き合っていなかった。すでに相当な金額になっている借金を、さらに増やし始めたのである。

　今や一家には、クレジットカードの支払いが五万ドル、住宅ローンが二七万八〇〇〇ドル、車二台分のローンの支払いが毎月九〇〇ドル、という借金がのしかかっていた。一八カ月後にはローラが大学生になる。その費用を、どうやって工面するのか。ローラは、高校の友人たちが入りたいと思っているのと同じ、ニューヨークの大学に狙いを定めていた。だが、州外出身者の学費はきわめて高く、貯金が皆無のアレックスとキムには、とうてい払えそうにない。ついでに言えば、州内出身者の学費だったとしても、どうやって払えばいいのか、アレックスにはわからなかった。なぜ、先々のことを考え、ローラの教育費を貯金しておかなかったのだろう。

あまりの準備不足に、アレックスは茫然とした。自分はどこまで愚かで浅はかなのか。だいたい、借金の返済をどうするのか。

ちらっと頭をかすめたのは、マイケルの銀行預金を失敬することだった。いくら預金しているのか、息子は全く教えてくれなかったが、アレックスの見るところ、わずか一四歳にして少なくとも一万五〇〇〇ドルは貯めているにちがいなかった。マイケルは、めったに買い物をしない倹約家だった。一方で、儲けるチャンスをフルに活かす才能もあった。一〇歳のときから、隣の家の芝を刈ったり、家族が使わなくなったデジタル小物を売ったりして、自力で小遣いを稼いでいた。

とんでもない考えを、アレックスは追い払った。せっかくの休暇なのに、行き詰まった家計について、これ以上あれこれ考えたくもなかった。英気を養い、リフレッシュし、ここ数年のさまざまな苦労から立ち直るために、ようやく得た時間なのだ。彼は手早く水着に着替えると、ビーチへ向かい、潮の香りのする空気を吸い、しばし子どもたちと戯《たわむ》れた。

二時間近く経って日が傾き始めた頃、めいっぱい遊んだ三人は空腹になった。アレックスは子どもたちを、オアフ島にあるお気に入りのレストラン「ロイズ」に連れていきたいと思った。びしょ濡れの砂まみれ、それに裸足だったので、ディナーのために着替えをしなければと、三人ともまずはホテルの部屋へ戻った。

ドアをあけたアレックスは、ナイトテーブルの上に、チョコレート二つと、その下に封筒が置いてあるのに、すぐに気がついた。封をあけて取り出した美しいカードには、この旅行を計画したときにキムと二人で考えた、バウ・リニューアル（再宣誓式）のスケジュールが詳細に記されていた。

そのとき、スマートフォンが振動した。キムからのショートメッセージだ。サンフランシスコでの仕事を引き受けた、という。

うそだろ。マジかよ。キムが子どもたちから離れるつもりであることが、アレックスは信じられなかった。子どもたちを置いて、キムがロサンゼルスを出ていくことはない、とばかり思っていたのだ。なぜ、キムは彼にこんなことをするのだろう。なぜ、こんなことになるのだろう。やりきれない思いが涙となって、彼の目にあふれた。

だが、考える時間はあまりなかった。ちょうどそのとき、ローラが彼の部屋のドアをどんどんと叩き始めたのだ。

「パパ、何をぐずぐずしてるの。お腹が空いて死にそうよ！」

「ちょっと待ってくれ、すぐ行くから」

アレックスは力なく返事をした。子どもたちの前に出るためには、まず心を落ち着けなければ。そう思って、バシャバシャと顔に水をかけた。

ロイズは、食事もサービスも、アレックスの記憶にあるより素晴らしく、子どもたちも感動していた。メインディッシュを食べ終えたとき、アレックスのスマートフォンが低くうなった——チャズからのメールだ。六カ月前から進めていた取引が、失敗に終わりそうだという。アレックスはため息をつき、返事を打ち始めた。

そのとき、聞き覚えのある声がして、アレックスの手が止まった。

「アレックス？　まあ、アレックスなの？」

画面から目を上げると、古い友人が、アレックスたちのテーブルへ向かってくるところだった。

「アレックス、ほんとに久しぶり！　こんなところで会えて、うれしいわ。変わりない？」

「ヴィクトリア！　なんて偶然だろう！　休暇で来たんですよ。こっちは僕の子どもたちで、ローラとマイケルです」

身振りをまじえつつ、アレックスは三人を引き合わせた。

「二人とも、前に話しただろう？　パパは子どもの頃、いつも親友のボビーと一緒だったって。こちらはボビーのお母さんのヴィクトリア。けど実際、パパにとっても母親同然だ」

マイケルがローラのほうに体を寄せてささやいた。「ボビーって、あの……？」。わかってるという目で、ローラがマイケルに頷く。

ヴィクトリアが二人に向かってウインクをした。

「私のこと、おばあちゃんなんて呼ばないでちょうだいね！　二人に会えてうれしいわ。それで、キムはどこなの」

そう尋ねて、周囲を見まわす。「そろそろ姿が見えてもいいと思うけど」

アレックスが眉をしかめた。こういう場合に何と言うべきか、まだ考えていなかった。

「それが……実は今、いろいろと問題を話し合っている最中で」

「ごめんなさい、立ち入る気はないのよ」。少し戸惑った様子で、ヴィクトリアが言った。

「いいえ、いいんです、気にしないでください」

アレックスは口ごもる。ありがたいことに、デザートメニューを持ってきたウェイトレスが、注文を聞きたげな様子を見せた。

「休暇の邪魔をするつもりはないんだけど」とヴィクトリアが言った。「ただ、あなたたちがこの楽園にいる間に近況を聞けたら、とてもうれしいわ。名刺を渡しておくわね。時間があったら電話して」

そして二人の子どものほうに体を寄せた。「卵大事件のこと、絶対パパに聞かなきゃだめよ。それとも、もう聞いた？」

「まだ！」

二人は声をそろえて返事をし、興味津々の笑みを浮かべてアレックスを見た。アレックスは顔を赤くし、去ろうとするヴィクトリアの背に向かって訴えた。「ヴィクトリア、そんなこと、別に言わなくても！」

ヴィクトリアが振り返り、またウインクをして、じゃあねと手を振った。

アレックスと子どもたちは、デザートを食べ終え、車へ戻った。まさか、ヴィクトリアに、ばったり久しぶりに出会うとは、アレックスは思ってもいなかった。誕生日祝いのカードはずっとやりとりしているが、直接顔を合わせたのは、告別式以来だった。だが、そのことについて、アレックスは今は考えたくなかった。

ヴィクトリアは好かれるコツを心得ており、付き合いたいと、みんなに思ってもらえる。会うとすぐに浮かべる笑顔と、全身からにじみ出る穏やかさや満ち足りた雰囲気に、誰もがあっという間に彼女という人間に引き込まれるのだ。

ヴィクトリアはいつも、温かく、一緒にいる人に元気を与え、不機嫌そうな様子をしていることはまずなかった。何事にも動じないようにも見える。それに引き替え、自分はじたばたとあがいてばかりいる気がした。明日、ヴィクトリアに電話をかけよう、とアレックスは心に決めた。もしかしたら、あの自信に満ちた前向きな姿勢から、何かよい影響を受けられるかもしれなかった。

トラポロジー

ぐっすり眠ったアレックスは、久しぶりに、すがすがしくすっきりとした気分で目が覚めた。人生も経済状態もたしかにひどい有り様だが、ハワイの暖かな空気がどういうわけか、もっと前向きに問題に取り組もうという気持ちにさせてくれた。子どもたちがプールへ行っている間に、アレックスはヴィクトリアの名刺を取り出し、電話をかけた。

ヴィクトリアは、ランチを一緒にと、ホテルからゆっくり走って二〇分ほどのところにある海岸沿いの自宅に、アレックスを招待した。アレックスが海沿いを走っていくと、やがて前方の浜辺にヴィクトリアが立ち、手を振っているのが見えた。二人は、裏の垣根を抜け、ランチの場所にヴィクトリアが選んだ、海を見晴らすポーチまで歩いた。波が、一定のリズムを刻んで打ちつける音が心地よい。ヴィクトリアが家の中に入って飲み物を用意している間、アレックスは目を閉じて、その音に聴き入っていた。

ヴィクトリアと一緒にいると、子ども時代の思い出が次から次へ、あふれるようによみがえる。二人がそれぞれの家族とともにロサンゼルスの同じ地域に暮らしていた頃、アレックスの親友だったのが、ヴィクトリアとロブ夫妻の一人息子、ボビーだった。

アレックスとボビーは、何をするときも一緒だった。秋にはフットボール（アメフト）、冬にはホットタブに延々と浸かり、春には短距離競走、夏にはサーフィンを楽しんだ。世界一（と二人は思っていた）のビーチバレー・チームもつくった。いつも一緒にいるので、兄弟なのだと、みんなに思われていた。

十代の少年がたいていそうするように、女の子のことやスポーツのことについて話をした。しかし、二人の関係はそれにとどまらなかった。人生の目標や、夢や、どうしても成し遂げたいことはもちろん、将来に対する心配や不安、迷いについても語り合った。十代の少年が二人いればきっと出会うことになるあらゆることから、二人はエネルギーを得た。未来は明るく、前途は限りない可能性に満ちあふれていた。

だがその後、一瞬にして、すべてが変わった。一七歳のときに、ボビーが末期がんと診断されたのだ。余命は六カ月と告げられた。とても現実とは思えなかった。アレックスは驚きのあまり、診断結果を認めようとしなかった。ロブとヴィクトリアは、あらゆる治療法にすがって、息子の命を延ばそうとした。だが、その努力はボビーの苦痛を長引かせることにしかならなかった。ボビーは少しずつ、衰弱していった。

生前のボビーに最後に会ったときのことが、アレックスの脳裏によみがえった。二人は車で、大好きなビーチへ行った。素晴らしい思い出を数えきれないほどつくったビーチだったが、このときは違った。ビーチバレーをするわけでもなければ、フリスビーやフットボールをするわけでも、波をかいくぐってサーフィンをするわけでもない。ボビーは痛々しいほど痩せて弱っていた。車から出たものの、アレックスが支えてなお、つかの間立つだけの体力しかなかった。どこかをわずかに動かすだけで、親友が耐えがたいほどの苦痛に苛《さいな》まれるのを、アレックスはつらくて見ていられなかった。数日後、ヴィクトリアから電話がかかってきた――ボビーが天に召された、と。

親友の死によって、アレックスは人として大きく変わった。自分とボビー、二人分の人生を生きることを誓った。ボビーがしたいと思っていたあらゆる経験を、ボビーの代わりにどこまでも追いかけた。生きていることを当たり前とは、決して思わなくなった。人生には、いつ終止符が打たれるかわからないのだ。

アレックスは、疲れを知らぬかのように精力的に活動したが、何でもぱっぱっと行動したがるところが、たびたびキムを怒らせていた。ただ、キムには、アレックスが二人分の人生を生きていることが、わかっていなかった。

ヴィクトリアの足音が聞こえて、アレックスは現実に引き戻された。

「本当に」と言いながら、ヴィクトリアがゆったりと椅子にもたれる。「びっくりと言うほかないわ。あの子たち、あんなに大きくなって！　なんだか、すっかりおばあちゃんになった気分よ」

波の音とヴィクトリアのあたたかな声に、アレックスは心の鎧を脱いで、抱えている問題を話してみようという気持ちになった。ヴィクトリアなら、判断を挟まずに話に耳を傾けてくれることを、アレックスは知っていた。

いざ話し始めると、聞いて、理解してもらいたくて、言葉が次から次へとあふれ出した。アレックスは洗いざらい話した――オープンカーを買ったこと、キムと大げんかになっていること、借金のこと、信じていたものが音を立てて崩れていく気がすること……。

ヴィクトリアは聞き上手だった。やたら相槌を打って共感を示そうとすることはなかった。正しく理解するために質問することはあるが、それ以外で話をさえぎることは決してなかった。アレックスが語ろうとする話に、彼女はじっと耳を傾けた。

「正直言って、理解できないんです、ヴィクトリア。どうしてこんなことになってしまったのか、僕にはわからない。うまくいっているとばかり思ってました。申し分のない家族だと思ってたんです。でも今、よく考えてみたら、崩壊寸前です」

話し終えたアレックスは、陽の光で色あせた木のテーブルに目を落とした。

ヴィクトリアは、何かを突きとめようとするかのように、アレックスの表情を探りつつ、思案ありげに頷いた。視線を上げたアレックスと目が合う。その目には、鈍い苦しさと絶望的な気持ちがにじみ出ていた。

突然、ヴィクトリアが立ち上がり、手招きした。

「ついてきて。見せたいものがあるの」

そして、その年齢の女性としては驚くべき身軽さでくるりと反対を向き、家の中へ入っていった。アレックスは急いで椅子から立ち上がり、あとを追った。

ヴィクトリアの家には、ラベンダーと香《こう》の匂いが濃く漂っていた――アレックスにとっては少し強すぎるほどに。インドの弦楽器シタールの音が、どこからともなく静かに流れてくる。見まわすと、片隅のヨガ・マットの隣に、手作りの陶器の香炉が置かれ、その中で香が焚《た》かれている。

キッチンに入ると、カウンターの一方の端に、果物と野菜が山と積まれていた。その横には、ハーブを植えた鉢。ミキサーの隣には、『グリーンスムージー・バイブル』という本がひらいて置いてある。ヴィクトリアはいったいいつから、まるでヒッピーみたいになったのだろう。

「こっちよ！」

ヴィクトリアの大きな声がした。あけっぱなしの戸口に、象の飾りと鈴をところどころに配置したビーズの暖簾《のれん》がかけられ、声はその向こうから聞こえる。アレックスは鈴を鳴らしながら暖簾をくぐり、声のするほうへ行った。

ヴィクトリアが、竹のビストロ・テーブル（円形の天板に一本脚がついた小さなテーブル）の前に立っていた。テーブルの上には、赤と黒の大理石を思わせる美しいチェス盤が、存在感たっぷりに置かれている。アレックスは一瞬、面食らった様子を見せたが、すぐに、ああと思い当たった表情が顔に広がった。

「これが何か、まさか忘れていないわよね」と、からかうようにヴィクトリアが言った。

母親であるヴィクトリアに感化され、ボビーは幼い頃にチェスを覚えた。そのボビーの影響で、アレックスもチェスの世界に引っぱり込まれた——もっとも、親友を超えられたことは一度もなかったが。ときには、ヴィクトリアが先生になり、二人で試してみなさいと新しい手を教えてくれたこともあった。チェス盤を目にすると、アレックスは胸が痛んだ。だが、なぜか心が安らぐ気もした。過ぎ去った日々とつながったような、長い間離れていた家にようやく帰ってきたような、そんな感じだった。

「もちろんです。忘れるわけがない」とアレックスは答えた。「最後に勝ったのは誰でしたっけね！」

「あら！　私の記憶では、あなたが勝ったのはあれ一回こっきりだったし、それも私があなたをかわいそうに思ってのことだったと思うけど。人間って、自分に都合のいいことだけを覚えてるものよね」

「それにしても、本当に久しぶりです。これ、あのチェス盤ですよね？　チェスをするなんて、あのとき以来ですよ」

「じゃあ、手加減してあげないといけないわね」。ヴィクトリアが笑った。

「まるで、今でもかなり強いみたいですね」。アレックスがやり返す。

意味ありげな笑みを浮かべて、ヴィクトリアが言った。「かなり？　そんなレベルじゃないことは、お互い承知よね。さあ、始めましょうか、アレックス」

ヴィクトリアがテーブルに着き、向かいに座るようアレックスを促す。それから、少しあらたまった調子で話し始めた。

「実を言えば、腕を上げるには長い時間がかかった。状況を正しく見られるようになるまでには、何度も負けた。

私がチェスで負けた要因は、罠にかかってしまったから。見つけ方を知らないせいで、罠が見えなかったの」

ヴィクトリアの話が続く。

「チェスでの『罠』は、敗因となる手を相手に打たせて、身動きがとれないようにする手のこと。罠を事前に見やぶれたら、何も問題ない。見やぶれなかったら、十中八九、負けるわね。

罠というのは、そもそも気づくのが難しいもの。とくに、ゲームが始まったばかりの段階ではね。罠については、試行錯誤しながらコツコツ学んでもいいけど、もっといいのは、罠の見抜き方と抜け出し方をちゃんと知っている人に教えてもらうこと。シンプルな作戦をいくつか知るだけで、取り返しのつかない事態を避けられるようになる」

じっと耳を傾けながら、アレックスは頷いた。

ヴィクトリアが先を続けた。

「チェスの達人は、罠を仕掛けるのも一流なら、引っかからないようにするのもうまいわ。すごく威力がある罠には、そういう達人の名前がついてるわね。モンティチェッリ・トラップとか、ブラックバーン＝シリング・ギャンビットとか。でも私は、威力があるとは思わなかった。罠というのは、しっかり学んで、事前に見抜く方法を心得ないかぎり、知らない間《ま》に仕掛けられる厄介なものだからよ」

「ヴィクトリア・トラップもあるんですか」。冗談めかしてアレックスが聞いた。

「まだないけど、いずれつくるかも！　私は、罠をつくるより、罠から逃れる方法を考えるほうが好き。考えてもみて。罠を見抜いたり、避けたり、抜け出したりする方法を知っておくと、チェスだけでなく、生きていくうえでも、何かと優位に立って行動できるようになるのよ」。ヴィクトリアが微笑んだ。

「アレックス、あなたに、人生について新しい見方を教えてあげる。あなたは今までずっと、課題を単なる『問題』としてしか見てこなかった。でも今後は、課題にぶつかったら、『罠』だと考えてちょうだい」

「罠？」おうむ返しにアレックスが聞く。

「そう、罠」。ヴィクトリアが力強く頷く。「チェスで罠を見やぶるように、人生でも、罠を──落とし穴を──見やぶれるようになったら、どうなるかしら。罠にはまってしまっても、どうすれば抜け出せるか、わかるとしたら？　そういうことを、それこそ憑かれたように、ずっと考えてきたの。ロブがからかうのよ──罠《トラップ》についての学問《オロジー》、つまり『トラポロジー』を研究してるんだねって。大学で講義するようなものではないけど、そのネーミングはなかなかいけてるわね」

「トラポロジーを研究しているなら──あなたはトラポロジストってわけだ」

「そういうことになるかしらね。あなたのこともトラポロジストにしたいわ──もし、学びたいと思ってくれるなら」

「インディ・ジョーンズみたいな、かっこいい帽子をかぶれるなら」。冗談めかして、アレックスは言った。

彼は、今ではとても楽しい気分になっていたし、実際、興味を引かれていた。ぜひ伝えたいというヴィクトリアの話は、もしかしたらヒッピーの戯言《たわごと》みたいなものかもしれないし、実際に役立つかどうかわからない。だが、とにかく楽しかったので、最後まで話をしっかり聞いてみよう、とアレックスは思った。

「帽子は、私と同じくらい詳しくなったらね、アレックス。焦っちゃだめよ、キリギリスくん」。茶目っ気たっぷりに笑って、ヴィクトリアが応じた。

「本物のトラポロジストは、罠について、よく理解している――見抜き方も、避け方も、落ちてしまったあらゆる罠から脱出する方法も。チェスの達人と同じで、トラポロジストは、うんと先の手まで読むこともできるわ」

アレックスは、スマートフォンを見つめていた。少し前に着信があり、無意識に取り出していたのだ。今まさに行われているバスケットボールの試合の最新情報を知らせるメールだった。レイカーズの三点リードだ――よし、いいぞ！

そのとき不意に、ヴィクトリアの視線を感じた。きまり悪そうに顔を上げ、スマートフォンをポケットにしまう。

「さっきも言ったように……罠は、あっと驚かせるから、罠なの。あなたは不意を突かれ、何が起きたか理解できたときには、にっちもさっちもいかなくなってしまってる。流砂を見たこと、ある？」ヴィクトリアが尋ねた。

「じかにはありませんが、映画でならあります。『プリンセス・ブライド・ストーリー』とか」。アレックスが答えた。彼とキムのお気に入りの一本で、その映画を思い出すと、もっと幸せだった頃が脳裏に浮かんでくる。

「そう。じゃあ、私の言うことを理解できるわね」

ヴィクトリアの言葉に、アレックスは現実に引き戻された。

「流砂と同じで、罠や落とし穴というのは、はまり込んでしまうのはあっという間なのに、出るとなると本当に大変。もがけばもがくほど、いよいよ深く沈み込んでしまう感じだし。でも、対処法や適切な手順を心得ていれば、脱け出すことは十分に可能よ。それどころか、思うよりずっと簡単なの。それに、兆しに気づくことができたら、危険を察知して、そもそも足を踏み入れずにおくこともできる」

ヴィクトリアの話が続く。

「以前、ある講演会で、ゼネラル・エレクトリック社の有名なCEO、ジャック・ウェルチがこんなことを言っていた。『優れたリーダーは、角を曲がった先まで見える必要がある』と。

およそ誰もが人生で直面する罠に気づき、それを避ける戦略と戦術を知ることができたら、どんなに素晴らしいかしら。罠にはまって道を誤る前に、その罠を察知することができたら、どうかしら」

手放しで賛同する気持ちには、アレックスはなれなかった。「たしかに、もしそんなことができたら素晴らしいですね。でも、未来は誰にも見通せませんよ」

「もちろんよ——全く、あなたの言うとおり。でも、私たちは過去から学ぶことができる。

そして、過去について一つだけわかっていることがあるとすれば、歴史は繰り返す、ということ。未来を予言できる必要なんてない。ただ、周囲にもっと神経をとがらせたほうがいい、と言いたいの」

「あなたなら、ひょっとして未来を占うための水晶玉を持ってるんじゃないかと思ってたんですが。ほかの装飾品ともバッチリなじみますしね」。アレックスがからかった。

ヴィクトリアが目を細める。「言葉に気をつけなさい。でないと、生意気なその頭も、私の装飾品コレクションにしちゃうわよ」。そう言って笑う。

「はい、はい、気をつけます」。アレックスは両手を挙げた。「その、なんというか……微妙な問題には触れるべきじゃなかったですね」

「まじめな話、とても大切なことなのよ、アレックス。経験は人生の最良の師って、よく言うでしょ。残念だけど、最も厳しく、そして最も時間のかかる師でもある。本当に、あまりに多くの人が、人生のつらい現実とか落とし穴をじかに経験して、しんどい思いをしてる。でもね――人生の落とし穴というのは、チェスの罠と同じで、落ちるのはあっという間なのに、抜け出すのは至難の業なの。

もし、苦しい思いをしなくても、ほかの人の経験から学べるとしたら、どうかしら。標識に気づいて、その道は問題へ続いていると判断できるようになるとしたら?」

ヴィクトリアが言葉を切った。続きを促すように、アレックスがヴィクトリアを見つめる。

「こういう親がいるでしょ。子どもがスポーツをしているのを見て、自分ではやったことがないそのスポーツを、まるで今、自分がしているような気分になっている親が。そういう親は、子どもの経験を自分の経験に重ね合わせてる。フットボールやバスケットボールの試合に、自分が出ている気分になるのね」

アレックスが、わかったような顔で頷く。そのとき、また着信があった——試合終了だ！ だが、いい加減になさい、とヴィクトリアに目でたしなめられた。

「つまりこういうこと——身近な人が落とし穴に落ちたと知ったときは、どんな力が働いたかを学ぶチャンスだってこと。その人の経験を自分のことと考えて、どのように穴に落ちてしまったのか、なぜ抜け出せないように思われるのか、あるいは、抜け出せた場合は、どう対処したのかを、正確に理解するチャンスなの。それがしっかりできたら、落とし穴を避けられるようになる。つまり、その人と同じ過ちをして、苦しんだり惨めな思いをしたりしなくてすむようになる。だけど、右腕でも何でもくれてやるから繰り返させてくれ、と言わんばかりに、同じ過ちを繰り返す人がほとんどね」

「右腕をやるかどうかはわかりませんが、左手の小指ならあるいは」。アレックスが口を挟んだ。

ヴィクトリアが笑った。「小指は大事にとっておくことね。少なくとも、わが家の装飾品について次に何か意見を言うまでは」

椅子の背にもたれかかり、アレックスは微笑した。

「わかりました、ヴィクトリア、降参です。やりますよ。トラポロジストになります。だけど、帽子はぜひ欲しいな」

「考えておくわ」。ヴィクトリアが、にやっと笑った。

二人はしばし口を閉ざし、シタールの音に耳を傾けた――シタールに、心地よい歌声が重なり、砂浜に打ち寄せる波の音と競い合っている。

「ねえ」。目を落として、ヴィクトリアが胸の内を話す。「ボビーを亡くしたとき、本当につらかった。今でも、あの子のことを思わない日はないわ」

親友のことを思うと、のどがつかえた。何と言えばいいのか、アレックスはわからなかった。

「ボビーのがんは、戦って打ち負かすことができると、私は思ってた。治してもらうために、最高の医師にかかり、最高の医療を受けた……」。ヴィクトリアの声が、だんだん小さくなる。

「医師たちはベストを尽くしてくれた。当時、もっとできることが本当はあったのかどうか、私にはわからない。何か恨みに思ってるわけじゃないの。ただ、当時の医療制度があの子を治せなかったことで、私は思った――ほかに何か方法がなかったんだろうか。もっとできることが、ほかになかったんだろうか、と」

　身振りに気持ちを表しつつ、ヴィクトリアが部屋を見まわす。

「たぶん、それがきっかけで、こうなったのね。型にはまったやり方とか、みんなが薦める方法に、必ずしも答えがあるわけじゃないと気づいたの」

　目と目が合い、アレックスが真剣なまなざしで頷く。

「本物の知恵は、既存の枠にとらわれず、自分の頭で考えられるようになったときに生まれるんだと思う。人生というのは、危機という波が次々やってきてその合間に凪《なぎ》があるものだ、などと思って、流されるがままにならなくなったときにね。人生の荒波をものともせず、賢く進んでいけるようにならないとだめ。私たちは、自分自身の物語《ストーリー》を書くことができる、つまり、自分自身の運命の創造者になれるの。

　環境に振りまわされないようになさい、アレックス。あなたは今、つらい時期にいる。私も、ボビーのがんには、打ちのめされてしまった。ただ、そのおかげで可能性の扉をひらき、成長と学びに満ちた一日を、毎日迎えられるようになった。私は、知恵と思いやりをもって、人生というこのゲームに参加することができる。そして、もし、あなたのような人たちがもっといい生き方を見つけるのを手助けしてあげられたら、この喪失感をいくらか、充実感に変えることができる」

　ヴィクトリアがさらに続けた。

「なぜ、こんなにも多くの人が、同じ罠に何度もかかってしまうんだと思う？　なぜ、友人や家族が罠にかかるのを目にしながら、自分も全く同じ道をたどるのかしら。罠にかかってしまったと気づいても、抜け出せないのはなぜかしら」

アレックスは、肩をすくめた。

「型どおりのやり方に従っているからよ。全くだめってわけではないかもしれないけど、絶対的なやり方ではないのに。同じ方法を使うかぎり、違う結果は望めない。新しい場所に行き着くためには、新しい考え方が必要なの。人生の落とし穴に落ちないようにするためには、型どおりではない考え方を、ときには経験とそぐわない考え方を探す必要がある。何かを少しずつよくしていく場合の話じゃなく、飛躍的な前進《ブレイクスルー》のこと。ブレイクスルーは、ありがちなアプローチを断ち切って初めて生まれるの」

「なるほど」。アレックスが頷く。

「私たちが陥る罠にはいろいろあるけど、新しいわけじゃない――多くは大昔からあるのよ」とヴィクトリアが話を続ける。「最も崇《あが》められている教典や、最古の書にも書かれているの。ただ、昔と今で違うのは、罠が今はいよいよ強力になっていること。昔とは比べものにならないくらい、魅力的で、厄介になっているの」

ヴィクトリアがチェス盤を指さした。「対戦相手が、幼稚園児から名人のガルリ・カスパロフに代わるくらいの差よ！」

その名前をアレックスはよく思い出せなかったが、ちゃんとわかっているかのように頷いた。

「現代の罠に落ちたくないなら、もっと神経をとがらせる必要がある。罠を避ける方法も、もっと工夫しないとだめ。『もっと』というのは、『今までよりはるかに』ってことよ。アレックス、あなたに、私が長年実践している考え方を教えてあげる――人生の罠を考えるときの枠組み。これを手がかりにすれば、罠を理解しやすくなるし、人生で活かす方法もわかるようになるわ」

「ぜひ聞きたいです」

「ほかの人に教えたことは、まだあまりないの」。正直にヴィクトリアは言った。「実験台か、なんて思って気を悪くしないでね。枠組みを持つのは、とても意味があると思う。自分の現況を順序立てて把握できるようになるからよ。思いどおりの状態（自分が望む状態）になりたいなら、まず、現在の状況を認識しないといけないもの。でしょ？」

「ええ、たしかに」。アレックスが同意する。

「罠の枠組み《トラップ・フレームワーク》を通して伝えたいのは、『希望』。賢い選択をして軌道修正すれば、生きる道筋を変えられると信じる気持ちね。この希望が、何より重要なの」

アレックスははっとした。何をしたところで今の状況を解決するのは無理なんじゃないかと、つい昨日、思ったばかりだった。

彼の心を見透かしたように、ヴィクトリアが言った。

「アレックス、正直なところ、あなたは今とても大変な状況にいるわね。たぶん、たくさんの罠にかかってる。まあこれは、あなたがいちばんよくわかってるでしょうけど。ただ、そういう罠にかかるのは、あなたが最初じゃないし、最後でもない。間違いなく！」

片方の肩をもみながら、ヴィクトリアは笑った。

「解決策はある。自分の中にある希望の光を、消しちゃだめよ」

二人の目が合い、アレックスは真剣なまなざしで頷いた。笑いあり冗談ありの話であったにもかかわらず、ヴィクトリアのメッセージはアレックスの中で重みを増し始めていた。

ヴィクトリアがふたたび話し始めた。

「罠を一つひとつ詳しく見ていきましょう。そして、あなたが今の苦しみを抜け出し、さらに、罠を逃れて、いきいきと生きられるようにしてあげたい。

そうなるまでには、四つのステップがあるわ。名づけて、『進歩の四段階』。最初は『苦しみ』。罠がもたらす恐ろしい現実を実感する段階ね。そこから『自覚』の段階、つまり自分が罠にかかっていることに気づく段階に移る。さらに、罠から抜け出す戦略を忠実に実践するようになると、『成功』を確信する。その段階になれば、思いどおりに進歩や成長をして、『豊かに生きられる』ようになる」

ヴィクトリアは言葉を切り、しばしアレックスをじっと見つめた。真剣そのものの表情だ

——眉根《まゆね》を寄せ、口をきつく結んでいる。アレックスがおもむろに言った。

「だけど……どうすれば、そのプロセスを最後まで進んでいけるんです？　罠か、罠じゃないかは、どうすればわかるんです？」

「いい質問ね」。穏やかにヴィクトリアが答えた。「実は、罠にはたいてい、際立った特徴がいくつかあるの。さっきも言ったように、罠は流砂に似てる。入り込んだら最後、身動きさえもままならなくなってしまう。

そんな流砂、つまり罠に入り込んでしまうのは、気づかない間に引き寄せられ、誘い込まれてしまうから。その場しのぎの解決策とか、いっときの楽しみとかによってね。つかの間の心地よさは、ほとんどの罠が引き起こすわ。そして私たちは、あとで苦しい思いをすることになろうと、今のこの心地よさには代えられない、と考えてしまうの」

「思い当たる節がありすぎです……」。アレックスが引きつった笑みを浮かべる。

「自分を責めちゃだめ。罠にかかるのはあなたが最初じゃないって言ったでしょ。いい？　罠というのは、私たちみんなに忍び寄るもの。葉っぱか苔みたいなふりをして、一生つきまとう。なのに、何も害がないように思えてしまうのは、その真実の姿を見るためのツールを、私たちが持っていないせい。罠って本当は、魅力たっぷりに見えて、たやすく人をだまし、厄介で、私たちの行動を制限するものなのに。

ありがちなアプローチの中には効果を発揮するものもあるけど、あくまで一時的。私たちに忍び寄る罠から永遠に自由になるためには、これまでにないアプローチを使う必要があるわ。深い傷を負ったときに必要なのは、絆創膏《ばんそうこう》じゃなく治療でしょ。そういう治療法を、私は『啓示的ブレイクスルー《エピファニー》』と呼ぶことにしてる」

その呼び名に、アレックスは眉をひそめた。

「ちょっと変わった呼び名なのはわかってるのよ。ただ、さっき私がこう言ったのを覚えてる？　トラポロジストは、既存の枠にはまった考え方を捨てて、本物の知恵を見つけなければならないって。既存の枠にはまらない考え方はまるで啓示《エピファニー》みたいで、その考え方を実践すると、行動が見ちがえるように変わる《ブレイクスルー》。それで、啓示的《エピファニー》ブレイクスルーになったわけ」

「オーケー、わかりました」とアレックスが頷く。

「よかった。ま、そう言うほかないしね」。ヴィクトリアが、からかうように言う。「それはそうと、あげたいものがあるの」

ヴィクトリアは、かばんから赤色の薄いノートを取り出した。

「公認トラポロジストとして――ああ、訓練中のトラポロジストね――、あなたには覚えなきゃいけないことが山ほどある。このノートをプレゼントするわ。勉強する過程で、メモやひらめいたことをなんでも書きとめられるように」

「わお、ありがとうございます、ヴィクトリア」。そう言いながら、ノートを受け取る。

そのとき、背後で時計のアラームが鳴った。驚いて、アレックスが飛び上がる。

「ただのアラームよ、アレックス」。ヴィクトリアが笑った。「ヨガ教室に行く時間をセットしておいただけだから。もうじき始まるの」

ヴィクトリアが立ち上がり、両腕を突き上げるように伸ばした。

「残念だけど、今日はここまで。あなたが心底、関心を持ってくれたことが、よくわかったわ」。ヴィクトリアは言葉を切り、アレックスをもう一度、じっと見つめた。

アレックスが両手の親指を立て、にやっとする。

「ふふ」。ヴィクトリアも微笑む。「それじゃ、また明日ね！　私の意見を――あなたが陥っている罠のことを話しましょ」

「えっ！」オーバーに驚いて見せつつ、半分は本当に不安に思う。「罠にかかってるんですか、僕は。だけど、僕のことをトラポロジストだって言いましたよね。罠には落ちないはずでしょう」

「未来のトラポロジストよ」とヴィクトリアが訂正した。「迫り来る罠を察知できるようになる前に、まずは、すでに陥っているいくつかの罠から抜け出さないとね」

「いくつか？　僕は二つ以上の罠にかかってるってことですか」

年月を感じさせる階段を下りて、アレックスは、来たときと同じ浜辺に立つ。

ヴィクトリアは、すでにきびすを返し、家のほうへ戻り始めていた。

「また明日、朝食の時間に会いましょう」

第2部

Trap1 —— *Trap3*

Trap1

夫婦・恋人関係の罠

翌朝、アレックスは、早く話の続きを聞きたくてたまらず、眠っている子どもたちをそのままにして、ヴィクトリアの家に向かった。昨年、キムにどうしてもと言われて二人で結婚カウンセラーに会ったが、そのアドバイスと同じことを、ヴィクトリアも言うのだろうか。ものごとに対する新しい見方を教えてもらえたらいいなと、アレックスは思った。

ヴィクトリアは、作りたての朝食を振る舞ってくれた。目の前に置かれた野菜オムレツを、アレックスは勢いよく食べたが、一緒に出された明るい緑色のスムージーには手が伸びなかった。ほとんど飲み終えているヴィクトリアに気づかれないよう残せないものかと、考えをめぐらせる。

「また一緒に過ごせて本当にうれしいわ、アレックス。なんだかあの頃に戻ったみたいで」

ヴィクトリアの声ははずんでいたが、その明るさとは裏腹な悲しみを、アレックスは感じる。

「今朝伝えたいのは、これまでと違うものの見方。つまり、問題に対する新しい考え方よ」

「それはぜひ、お願いします！」アレックスが答えた。

ヴィクトリアは、スムージーの最後のひとくちを飲みきった。「緑色の口ひげができてる？」

「ええ」とアレックス。

「やっぱりね！　私のこと、ヨーダと呼んでちょうだい」

アレックスが笑った。「じゃあ、僕は若きルーク・スカイウォーカーですね。面白いじゃないですか。あなたをバックパックに入れて、あっちこっち連れてまわる必要がないなら、ですけど」

「保証の限りじゃないわね！」ヴィクトリアが答える。「それはさておき、アレックス。キムとの生活に行き詰まってるって言ってたわね。なので今日は、私が『夫婦・恋人関係の罠』と呼んでいるものについて話そうと思うの。

あなたたち夫婦は、よくある落とし穴にはまってしまってる。もっとも、この穴に落ちてしまう人は大勢いるわ。実際、何らかの男女関係にある人なら誰が落ちてもおかしくない。夫婦だろうとパートナーだろうと、それ以外の関係だろうと。子どもがいても、いなくてもね」

アレックスは、ゴクリとつばを飲み込んだきり、口をひらかなかった。こんな話を聞きたかったわけじゃない――何というか、いささか生々しすぎる。結婚生活について洗いざらいヴィクトリアに話してしまったことを、アレックスは一瞬、後悔した。アドバイスを求めて夫婦で訪ねた結婚カウンセラーと同じように、ヴィクトリアも説教しようというんじゃないだろうか。

重い腰を上げるように、彼は尋ねた。「その、よくある落とし穴というのは？」

「それはね、結婚したのに、独身であるかのように暮らしてしまう、という落とし穴」。ヴィクトリアが答えた。「つまり、二人は既婚独身者になってしまっているの」

「既婚独身者？」驚いて、アレックスは聞き返した――初めて耳にする言葉だ。

「一緒に暮らしているけど、生活が一つに溶け合ってないってこと」。ヴィクトリアが説明する。「ひとり暮らしの人みたいに行動してしまっているの。だけど、二人の人間が結婚をしたら、全然違う二つの価値観、つまり、ものごとがどうあるべきかについて、二つの考え方を持ち込むことになる。あなたとキムの経済観念を例に考えてみましょうか。あなたは裕福な家庭で育ち、キムは中流家庭で育った。そうだったわね」

「ええ、そうです。でも、そんなの珍しいことじゃないでしょう」。アレックスが軽く言い返す。

「そうね」。ヴィクトリアが頷く。「ただ、ほとんどの夫婦が、重要な違いがいろいろあることに気づかず、そのために、結婚生活の進め方について計画を立てられずにいる。そして、いつの間にか、意見が合わず口論を繰り返すという典型的なパターンに陥ってしまう。あなた、こう言ったわね。結婚してからずっと、お金のことについてキムと言い争ってきたって」

「ええ。キムはひどいケチなんです」。アレックスが不満げに言う。

ヴィクトリアが眉をひそめた。「なぜ、そう思うの？」

アレックスがぼそりと答える。「そういう育ち方をしたからじゃないですか」

「そういう育ち方？」ヴィクトリアが聞き返す。

「実は、キムの母方の家はあまり裕福ではありませんでした。父方の家は、昔は裕福でしたが、キムのおじいさんが財産を食いつぶしてしまったんです」

「じゃあ、元の暮らしに戻るために、キムのご両親は大変な苦労をされたでしょうね」

「ええ、精神的にとても疲れていました。もし今、僕の両親が同じ目に遭ったら、僕もきっと、気持ちが参ってしまうでしょうね」

「あなたの家は、正反対ね。そう思わない？」

そのとき初めて、アレックスは、それぞれの生い立ちが夫婦関係にもたらす影響について、じっくり考えた。育ちの違いに気づかなかったわけではない。ただ、その影響を、今の今まで、深く考えたことがなかったのだ。

キムの家は、必要なものを買えるくらいには豊かだったが、一方で、支出を極端なまでに控えていた。投資で一旗揚げようとした祖父の負の遺産を、キムときょうだいは受け継いだ――金というのは、手に入れるのは一苦労だが、失うのはたやすいというメッセージとともに。それに引き替え、アレックスの子ども時代において、金は、手を伸ばせばそこにあるものだった。

「たしかに、そうですね。僕の家はずっと裕福だったから、金の心配なんてしたことがなかった。いや、今までは、ですが」。きまり悪そうに、アレックスが下を向く。

「夫婦が既婚独身者として行動する理由は、三つあると思うの。どんな理由か、知りたい？」ヴィクトリアが明るく言って、空気をなごませる。

アレックスが頷いた。

◆自分の育った環境のほうが上

「オーケー、まず一つめの理由は、配偶者より自分の育った環境のほうが上だと思っていること。家庭でのいろんなことのやり方も、自分の子ども時代のやり方が正しい、とも思ってる。経験にそぐわないものは何でも、おかしいとか、変わってるとか、明らかに間違ってると考える。重要なことであれ、細かいことであれね」

ヴィクトリアがさらに説明する。

「重要なことというのは、子どもの育て方、お金の使い方、それに家事の分担の仕方のこと。細かいことというのは、イラッとくるあらゆること――歯磨き粉のチューブの絞り方とか、キッチンの整理の仕方とか、家具の置き方とか。ね、わかる？　私たちは無意識に、ありとあらゆることについてそんなふうに判断をして、配偶者やパートナーの中にある、自分と違うところに目くじらを立てるようになってる」。ヴィクトリアが咳払いをした。「あなたも例外ではないんじゃないかしら」

アレックスは、弁解のしようがないという様子で、視線を床に落とした。「それでも、キムと僕の違いは、簡単にどうにかできるものじゃないんです」

二人は押し黙って座っていた。アレックスの頭の中を、さまざまな考えが駆けめぐる。自分たちはどこで道を誤ったのだろう。自分とキムはなぜ、夫婦関係のこんなにも多くの面で、別々の考えを持つようになってしまったのだろう。金の使い方から子育てに至るまで、何ひとつ、二人は同じ意見を持つことができない気がする。近頃はいつも、子育てに関する考え方の違いが、言い争いの原因になっていた。

アレックスの考え方には、育ちがそのまま表れていた――細かいことにこだわらないところも、規則正しく生活したり計画的にものごとを進めたりすることが、ほぼ皆無であるところも。彼ときょうだいは、家庭の雑事や庭仕事をする必要が全くなかった。家事はすべて、母親の仕事だった。料理、洗濯、掃除、ゴミ出し、自動車の相乗り《カープール》の段取り、買い物、その他いっさいを、母親がひとりでこなした。

キムが育った環境は、全く違っていた。両親が共働きだったため、キムと弟が家事を分担した。父親は、子育ても家事も積極的に手伝った。一家は、決めた時間に起き、やはり決めた時間に就寝した。キムと弟がわがままな振る舞いをしたり責任を果たさなかったりすると、恥だとされた。

子どもができると、アレックスとキムの問題はいよいよ深刻さを増した。アレックスのしつけ方や育て方は、ローラの行動に表れた。夕食の支度をいつも誰も手伝わないことにキムが不満をもらすと、アレックスとローラは何も言わずに、近くのレストランへ食べに出かけた。そんなとき、マイケルは敏感に母親の気持ちを察し、母親と自分のために簡単な食事をつくった。

学校での子どもたちの行動にも、両親の考え方が反映された。ローラは、もう十分理解できている内容だし、テストを受けてもいい点がとれると自分を正当化しては、たびたび授業を休んだ。頭の回転が速くて、欠席が目立つわりに、優秀な成績でほとんどの学期を終えていた。一方、マイケルはキムに似ていた。勉強熱心で、頼りになり、几帳面だった。宿題を期日までに提出し、稼いだ小遣いはすべて貯金し、気分がどうあれサッカーの練習を休むことは一日もなかった。

とりとめもなく続くアレックスの思考を、ヴィクトリアがさえぎった。「あなたとキムは、ちゃんと時間をつくって、違いを解消しようとしたことはあるの?」

「正直言って、あまりありません。結婚したとき、これからの生活は、僕が子ども時代に見ていたのと同じになるんだと思っていました。何を馬鹿なことをと思われるかもしれませんが、僕はキムが、仕事をしつつ、家のことも全部してくれるものと思い込んでいたんです。僕が育った家では、そんな昔ながらの考え方をしていました。なので、そういう生活の仕方のどこが悪いのか、わかりません。週に一度、ハウスクリーニングを頼んだらどうかと僕が言っても、キムは、金の無駄遣いだ、の一点張りでした」

「この件について、キムはどんなふうに感じていると思う?」

「わかりません。子どもが生まれてからは、キムが仕事に復帰しようという頃になってさえ、それはもう大変でした。僕がもっと手伝おうとしないことに、キムはしょっちゅう腹を立てていました。僕は一日中働いて家に帰ってきたのに、ゆっくりするどころか、『食器くらい洗ってよ』としつこく言われたんです。おかしいじゃないかと僕は思いました。でも、子どもたちの世話に朝から晩まで追われていたキムも、同じ気持ちだったのかもしれません」

アレックスの胸を、深い後悔が駆けめぐる。結婚してからずっと、自分がいかに身勝手で役立たずだったかを、彼は思い返していた。

◆考え方の軸を「私たち」へシフトする

ヴィクトリアがちょっと考えて言った。「あなたとボビーは高校のとき、たしか一緒にフットボールをしてたわよね」

「それと、陸上も」

「じゃあ、リレー競走は別として、この二つのスポーツでいちばん違うのは、どんなところかしら」

「フットボールはチームスポーツですが、陸上は個人スポーツですね」と、アレックスは思うところを言ってみた。

「そのとおり」。ヴィクトリアが頷く。「現代は、フットボールじゃなく陸上競技をしている夫婦が、本当に多いの。結婚生活を送るにあたって、個人スポーツからチームスポーツへシフトできていない、と言えばいいかしら。このたとえは、結婚生活だけじゃなく、企業や政府、『全世界の全住民』でも使えるわね」

「僕はスポーツを使ったたとえ話がとても好きです」。アレックスが言った。「でも、キムは嫌っています。僕がそういうたとえ話をするたび、うんざりした顔をするんです」

「気をつけるわ。キムには、スポーツがらみのたとえ話をしないようにする。それはともかく、このシフトをおろそかにしていることが、夫婦が独身者みたいに行動する二つめの理由だと思うの。考え方の軸を『私』から『私たち』へ、全然シフトできていないのよ」。ヴィクトリアはそう説明した。

「自分のことばかり考えるのをやめてパートナーを気遣えるようになったら、チームの利益のために、個人プレーをしなくなる。だけど、チームを組んでいることを肝に銘じて結婚生活を営んでいる夫婦って、ほとんどいないのよね」

アレックスが頷いた。「少なくとも僕たち夫婦に関しては、まさにそのとおりです」

◆自分から先に変わる

「多くの夫婦が、身勝手というこの罠にかかって、なかなか抜け出せなくなる。その理由の三つめは、相手が先に変わるのを待つから。でも、アレックス、あなたたち夫婦には、この問題はないのよね？」ヴィクトリアがウインクする。

アレックスはきまり悪そうに笑みを浮かべた。

「行動パターンを変えるのは、至難の業。変えるくらいなら死んだほうがマシ、とまで言う人もいる。

その状況が顕著なのが、健康管理の分野。現代人の抱える健康問題の最大の原因といえば、暴飲暴食、運動不足、過剰なストレス、喫煙よね。どれも、変えようと思えば変えられる習慣ばかり。ところが、健康のために習慣をあらためるより、今の生活スタイルを続けたがる人のほうが、圧倒的に多いの。ついこの間も、こんな論文が出ていたわ。重度の心臓病患者たちがバイパス手術を受けたんだけど、そのわずか二年後に調査したところ、九〇パーセントの人が生活スタイルを変えていなかったの。[*1]

配偶者にしろパートナーにしろ、相手が先に変わるのを待っていたら、状況はいつまでも経っても今のまま。相手が変わろうとしないなら、じゃあ自分も変わらなくていいやと思ってしまうのね。ところが、相手が変わろうとすると、自分も早く変わらなきゃと思うようになる。

パートナーに変わってもらうには、まず自分が変わるのがいちばん。あなた、そうやってみたこと、ある?」ヴィクトリアが尋ねた。

「正直言って、ありません、ヴィクトリア。今までずっと、『きみが変わったら僕も変わるよ』というスタンスでした。なので、そんなふうに考えたらどんないいことが起きるのか、わかりません。でも、今すぐその考え方を取り入れようと思います」

「そう言ってくれて、うれしいわ」

ありがちなアプローチ

「夫婦間で考えが合わないとき、ありがちなアプローチではこうするわね——意見の相違を認めたうえで、もっと共感し合えるものごとを探すの。つまり、他人を変えることはできないとまず認めて、人はみな育ちも考え方も違うのだから、そうした違いを受け容れる必要がある、と言っているわけ。

でも、重要な問題について意見を一致させられなかったら、うわべだけの結婚生活を送るのが関の山になる。夫婦は必ず、困難や試練にぶつかる。そのとき、うわべだけの関係じゃ、とても立ち向かえない——あなたが今、経験しているように」

啓示的《エピファニー》ブレイクスルー

ヴィクトリアが先を続ける。

「あなたの話からすると、お金に対する考え方の違いと、お金の使い方についての考えを一致させようとしていないことが大きな原因で、あなたたち夫婦は心が離れてしまっているみたいね」

「ええ」とアレックスが頷く。「この件について僕にも責任があったかもしれないと認めるより、悪いのはキムだとして片づけようともしてしまっています」

「まず、このことを理解してちょうだい。お金について子どもの頃にどんな考え方を教わろうと、その考え方が間違ってるわけではないのよ。あなたとキムは、育った環境が違いすぎるだけ」

「それは、まあ……」。アレックスが片手で首の後ろを揉む。「両方の責任ですよね」

「あなたたちの、というか、ほとんどの夫婦がしてしまう過ちは、考え方が一致しないまま、家族としての活動を計画してしまうこと。どんな夫婦でも、三つの大きな問題についてば、意見が一致していないとだめなの。まず、お金の使い方。二つめは、子どもを持つとして、その育て方。三つめは、家事をどう分担し、切り盛りしていくか。つまり、二人ともフルタイムで仕事をするのか、それとも、子どもの世話はどちらか一方が中心になってするのかってこと。

解決策を見出すには、意見が一致しないところを話し合わないといけないのに、それをしない多くの夫婦が、この罠にはまる。そういう夫婦は、自分たちらしい家族のあり方を、じっくり思い描いたり、紙に書き出したりしない。見たことのあるものを手本にして真似るほうがラクだものね。

結果として、結婚しているにもかかわらず、二人は、考え方の軸が別々のまま、独身者のように行動してしまう。結婚生活におけるこの三つの重要な問題について、あなたとキムは話し合ったことがあるかしら」

「あれを話し合いとは言えませんけどね。問題が起きるたび、ケンカになりますから」。アレックスが顔をゆがめる。

「ただ、あなたの話を聞いて、僕たち夫婦がどうしてこんなにかみ合わないのかがわかるようになりました」

そしてこう続けた。「僕たちは、どうしようもないほど違っていました。共通点を見つけようとしても、見つかりませんでした」

静かにそう言って、両手に目を落とす。

「ねえ、アレックス。独身者みたいに行動してしまうのは、多くの既婚者が陥る罠だと思う。あなたたちだけじゃないってこと。私、こう思うのよ――夫婦になろうとしている人はみんな、必要に応じて、結婚する前に、こういうカウンセリングを受けたほうがいいって」。そう言って、ヴィクトリアはアレックスを慰めた。

「ええ、もっと昔にあなたに相談できていたら、どんなによかったことか」

「話し合うのに遅すぎることはない。三つの問題について、キムとじっくり話す気はある？家族の新しい物語《ストーリー》を紡ぐことは、いつからでもできるのよ」。ヴィクトリアがアレックスを優しく促す。

「そうですね」とアレックスは頷いた。「もっとも、僕には、先に考えないといけないことがあります。結婚生活で僕はあまり譲歩ということをしてきませんでした。なので、どんなふうに譲り、実行していくかについて、少し時間を割いて考える必要があります」

「よく言ったわ、アレックス。ただ、これは譲歩というより、展望を共有し、物語《ストーリー》を分かち合うということなの。夫婦としての、あなたたちのストーリーよ。どんな目標をめざして、ともに歩んでゆくか。どんな素晴らしいものを、力を合わせて手に入れるか。どんな思い出をつくるか。これこそが結婚の醍醐味よ！　それを味わうチャンスは、これまでのどんな時代より、今はたくさんあるわね。

ストーリーが決まったら、次に話し合うのはこれ。そのストーリーを、日々の暮らしの中でどう実現していくか。二人はそれぞれ何をする必要があるか。するべきことをどう分担するか。

人は、何か決定的な理由があるために、既婚の独り者みたいに行動してしまうわけじゃない。自分にとっての当たり前を基準にして生きるほうが、ラクで快適だからなの。受け容れる必要も、合わせる必要も、譲る必要もないんだもの。形のうえでは夫婦だけど、自分がいいと思う、自分だけのストーリーを追いかけてしまっているの」。ヴィクトリアはそう説明した。

アレックスは、ハッと気がついた。自分もキムも、それぞれのストーリーを追いかけてしまっている、と。アレックスのストーリーは、ボビーの死によって変わった。そして彼は、いつも全力で生きるようになった。一方、キムは、両親が全財産を失うのを目の当たりにした。そのために、きわめて用心深く、慎重に、生きるようになった。

二人は、それぞれ別のストーリーの台本に沿って行動しているために、考えを一致させられないまま、結婚生活を営んでしまっているのだ。

二人をつなぐものは、何なのだろう。

いったい何が、二人を結びつけているのだろう。

この二つの問いが、アレックスの心の中で、重く何度もこだまする。二人で同じ一つのストーリーを考えることが、夫婦関係を変えるカギだ、と彼は思った。まず、目標と、夢と、夫婦関係および家族に求めることをはっきりさせる。それができたら、実現する方法について、考えを一致させる必要がある。遅きに失した、とならないことを、彼は祈った。

ヴィクトリアがさらに、考えを話した。

「夫婦関係の罠にはまってしまう最大の理由は、考え方の軸を『私』から『私たち』へ、なかなか切り換えようとしないこと。この強力な罠にひそむ問題に取り組めるようになるには、別個の個人としてではなく、チームとして、夫婦関係を見られるようになることが必須なの。私（つまり個人）を軸にして、夫婦関係の罠に対処することはできない。私たち（つまりチーム）が軸になって初めて、夫婦関係の罠に取り組める。

変化には、『考え方の軸』を変えることが最初の大きな一歩になる。この一歩が出発点になって、その後のすべてのことが決まっていく。この一歩なしに前へは進めないってこと。わかる?」ヴィクトリアが尋ねた。

「ええ」。アレックスが頷く。

そして、ノートに目を落とした。

Trap1 ——夫婦・恋人関係の罠

この罠にかかってしまう理由

1 相手より自分の育った環境のほうが上だと思っている。
2 考え方の軸を、「私」から「私たち」へ、シフトできていない。
3 変わるのを渋る、あるいは、相手が先に変わったら自分も変わろうと思う。

▼ありがちなアプローチ

夫婦の意見が一致しているものにフォーカスし、一致していないことについては重視しない、あるいは完全に無視する。

▼啓示的《エピファニー》ブレイクスルー
夫婦のあり方や結婚生活について考えを共有し、実現する方法についても意見を一致させる。


ヴィクトリアが腕時計を見た。そろそろ一二時になる。アレックスが来てから三時間近くが経とうとしていた。

「アレックス、あと一五分でヨガ教室が始まるの。二日後にまた会えるかしら」。そう尋ねながら、ヴィクトリアはサンダルを履き、ドアのほうへ向かう。

「ぜひ、お願いします！」とアレックスは答えた。「ただ、あなたの時間を奪うことにならないかと、それが心配です。本当にご迷惑ではありませんか」

「迷惑だなんて」。ヴィクトリアは即答した。「一緒にいてくれて、とてもうれしい。ロブが出かけているときに誰かが来てくれると、ほっとするの。数年ぶりにまたおしゃべりできて、本当に楽しかったわ」

ホテルへ戻ったアレックスを、今や日常となった光景が迎えた。子どもたちは二人とも、部屋にこもって押し黙り、スマートフォンに夢中になっている。アレックスが入ってきても、ろくに顔を上げようともしない。

「ローラ、マイケル！」

アレックスは二人のすぐそばまで来たが、二人は下を向いたままだ。

「アロハ！　おまえたち、ハワイに来てまでスマホ三昧か？　さあ、外へ行こう。ビーチへ遊びに行こう」

ローラが、目を上げようともせず、手を振った。「ちょっと待って、パパ。すぐすむから」

マイケルも同様だった。「あと少しでレベル9にいけるんだ。ちょっと待ってて」

アレックスはあきれたような顔をした。こういう受け答えを、今まで何十回、聞いてきただろう。

ローラが、ソーシャル・メディアのチェックを終えて、ようやく父親に注意を向けた。

「人のこと言えるの？　パパこそ、どうしてビーチへ行かないの？　このところ、ヴィクトリアさんといつも一緒じゃない。卵大事件のことをまだ恨まれてるの？」

卵大事件のことを、たとえ何かのついでだったとしても、ヴィクトリアが子どもたちに話したとは、アレックスには信じられなかった——あれは過ぎたこと、とっくの昔に終わったことだ。彼とボビーはいたずら好きで、子どもの頃から、とんでもない悪さをいろいろした。だが、そうしたことをローラに話すつもりは、アレックスにはなかった。

「ヴィクトリアは本当に素晴らしい女性だ。彼女から、パパは今、たくさんのことを教わってる」

アレックスは少し考え、それから話した。

「二人とも、ちょっといいかい。パパの両親は、自分たちの人生について、何も話してくれなかった。子どもの耳には入れないほうがいいことがあると考え、あらゆることから子どもを守ろうとした。

でも今から考えると、それは本当にいい判断だったんだろうかと、パパは思う。もし何でも隠さず話してくれていたら、パパはもっと間違いを少なくできたかもしれない」

ちょうどレベル8をクリアしたマイケルが、怪訝そうな表情を浮かべて、アレックスを見上げた。

「この旅行にママが来てくれなかったのは、本当に悲しい。ここは新婚旅行で来たところだし、記念日を祝おうと思ってたんだ」

「やめてよ、パパ、あたしたちには関係ないわ」とローラが不満げに言った。

「わかってる。残念だって言ってるだけだ」。ローラの言葉を、アレックスは否定しなかった。

マイケルが不意に顔を赤くして、話に割り込んだ。

「ママが来なかったのは、パパのせいじゃないか！　全部、パパが悪いんだ！　いつもいつも、こんなことばっかりやらかして！　パパが旅行用のお金をあんな車に使ってしまわなかったら、ママはきっと来てたんだ」

マイケルはくるりと後ろを向いた——目に涙があふれるのを見られないように。

「マイケル……あのさ……」

アレックスはマイケルのベッドに歩み寄り、ハグしようとしたが、マイケルはさっと体を離した。アレックスは、ベッドに腰かけたまま、どんな言葉をかけたらいいかと、しばし考えをめぐらせた。

「おまえの言うとおりかもしれないな、マイケル。ただ、悪いのが誰であろうと、たしかなことが一つある。おまえたちのママとパパは、考えが一致してなかったってことだ。この旅行についても、ほかのいろんなことについても」

アレックスは息を吐き、それからまた話した。

「実はそういうことについて、今日、ヴィクトリアと話をした。ヴィクトリアはこう言っていた。二人の人間が出会って結婚したのに、『私』から『私たち』へシフトしないまま暮らしている夫婦がとても多いって」

「どういう意味？」マイケルが、目元を拭いながら尋ねた。

「少しサッカーのチームに似てるかな」

息子の関心を引いたことを、アレックスは見て取った。

「おまえが今までに入ったチームのことを考えてごらん。選手がみんな、自分のことばかり考えてプレーするようなチームがなかったかい。自分のこと、つまり、自分こそが得点しようとか、自分ばかり目立とうとしているとか、そういうチームだ。正反対のチームもある。互いの心が読めるんじゃないかと思うくらい、選手同士の息がぴったり合ってるチームを見たことはないかい」

「うん、ある」。マイケルが頷く。

「結婚もさ、それと似てるんだ。二人の人間が結婚して、一つ屋根の下で暮らす。だけど、チームとしてどんなふうに行動するかを決めていない。これじゃ、結婚したのに独り者のままでいるのと同じだ」

「かもね」。マイケルが肩をすくめる。

「じゃあ今度は、パパの仕事から例を出してみよう。この間、パパは優秀な営業マンのジェームズを、営業部長に昇進させた。ジェームズは営業の腕が抜群だ。だから、その方法を、彼がほかの営業マンたちに教えることができたら、チームとしても優秀な成績をあげられるようになると思ったんだ。

ところが、問題が起きた。ジェームズは、個人プレーをする立場からチームリーダーへ、シフトできなかったんだ。それどころか、自分が注目の的になることばかり考えていた。大切にすべきことが、今はもう、自分の成功ではなく、チーム全体としての成功に変わったことに気づかなかった。彼は、『私』から『私たち』へシフトできなかった。パパとしては、残念だけど、元の営業マンに戻ってもらうほかなかった」

「パパとママの場合でいうと、どっちがジェームズなの」。少々皮肉な調子でローラが尋ねた。

その調子に目くじらを立てることなく、アレックスは答えた。

「どちらもが、それぞれに、ジェームズなんじゃないかな。ママとパパは、何一つ、考えが一致していなかった。それどころか、正反対だった。お金の使い方について言えば、パパはのんきでいい加減だけど、ママはすごくしっかりしてて計画的だ。子育てにしても、パパはほったらかしでやかましく言わないけど、ママは厳しくて、細かいことまで口を出す」

「ほんとに、正反対だよ」とマイケルが言ったが、口調に、父親のことをあまりよく思わない気持ちがにじんでいるのを、アレックスは感じた。

「あたしたちも正反対よね、ママのそっくりさん」

そう言って、ローラがマイケルの顔をめがけて髪留め用のゴムを飛ばした。わずかに、外れる。お返しに、マイケルが枕を投げつける。

「ただ、パパたちがこうなったのには理由がある」。アレックスが先を続ける。「子どもの頃の環境がそのまま、今の行動につながってる。パパの両親や兄弟も、お金の管理が甘いんだ」

「とくに必要がないときは、予算内で暮らしたり、倹約に努めたり、しなくていいってわけね」。ローラがピンときて言った。

「そういうこと。そんな考えでずっと生きてきたけど、今は、生活のやりくりに必死だ。だから、考え方を見直して、必要があるなら変えなきゃいけない。

もう一つ、パパとママの考え方が一致してないのは、家事の分担の仕方だ。ちょっと意見を聞かせてくれないか――パパは、ママが言うほど、家事が下手かな」

そんなの聞くまでもないよと言わんばかりの表情で、子どもたちは顔を見合わせた。

「パパ」とローラが言う。「下手とかじゃなく、もっと悪いでしょ。汚れたお皿一枚、もう何年も、洗ったことないじゃない」

「いや、ゴミ出しくらいはやってるよ――決まった日に、ちゃんと出してあるだろう?」アレックスが反論する。「そういう問題じゃないって顔だな。でも、何もしてないわけじゃない。パパが子どもだったときは、パパのママが、ゴミ出しも含めて全部、家事をやってくれたんだから」

「おばあちゃんは奴隷だったのね」。ローラが言う。

「それ、ママの台詞だな。ママは仕事から帰ってくると毎日、『私はあなたの奴隷じゃないわよ』って顔をする」

「あのさ、パパ」。マイケルがためらいがちに言った。「それ、事実だよ」

「パパは気がついたんだ。パパのママと、おまえたちのママとでは、状況が全然違うことに。パパのママは、勤めに出ていなかった。つまり、家事と子育てだけをする専業主婦だった。でも、おまえたちのママは、おまえたちが小さかった数年を除き、外に出てフルタイムで働いてきた」

アレックスはさらに言った。「パパは、ママの状況に対して、ちょっと無神経だったのかもしれない。お金の使い方も、あまりにだらしがなかった——おチビさんたちが生まれてからは、とくに」

アレックスの選んだ言葉に、ローラが唇をへの字に曲げて不満を表したが、アレックスは気づかないふりをした。

「全部、自分が悪いんだって思う必要はないよ、パパ」とマイケルが口を挟んだ。「触ったものをかたっぱしから買わないと気がすまないのは、パパだけじゃないから」。そう言って、意味ありげにローラを見る。

「ふうん」とローラが応じる。「自分は何でも完璧ってわけ？」

「まあ、まあ。ローラはパパの生き方をそっくり真似てるんだってことにしておこう」。場をなごませようとして、アレックスが言った。

「じゃあ、ローラと正反対のぼくは、模範的な子どもってこと？」マイケルが言った。

「よく言うわね」。あきれ顔でローラが言う。

「二人とも、仲良くしてくれないか。おまえたちの力を借りたい。ママとこんなふうにケンカしたことで、パパは、夫婦関係と家族のあり方を、じっくり見つめ直すきっかけをもらった。おまえたちにも、一緒に問題を解決してほしいんだ。

家族というのは、ともに選ぶことができる——家族としてどんなふうに暮らしたいか、互いにどんなふうに接するか、どんなことをどれくらい一緒に楽しむかを。たしかに、わが家では今までそういうことを考えてこなかった。でも、だからといって前進できないってことにはならない。歩んできた道によって、未来が決まるなんてことはないんだ——あきらめてしまわないかぎりは。家族にとっての新しい物語《ストーリー》を、家族はみんなで書くことができるんだ」

ローラが、ほんとかしらね、という顔でマイケルを見る。マイケルは肩をすくめた。

「それで、パパはあたしたちに何をしてほしいの？　脚本家じゃないんだから、あたし、筋書きなんて考えられないわよ」。条件付きながら、前向きな発言だ。

「考えてくれたら、それでいい。家族としてどんなふうに暮らすのが理想的か、思い描いてほしい。どんなことを一緒にして、どんな思い出をつくりたいか。どうすれば、お金の使い方についてみんなが同じ考えを持ち、個人としてではなく、家族としての共通の目標を達成できるようになるのか。ハワイでのんびりしている間に、ちょっと考えてみてほしい。家に帰ったら、詳しく話し合おう」

「話はもういいわ。あたし、泳ぎたい」

そう言うと、ローラはソファから滑り降りて、着替えに行った。

アレックスは笑った。こういう話を子どもたちとしたのは初めてだったが、二人がぐっと大人に近づいていることに驚いた。アレックスが自分の失敗や欠点を認めることで、子どもたちも同じことができるようになる、とも気がついた。アレックスは、新たな希望を感じた――家族で力を合わせれば、きっと問題を解決できるという希望だ。ただ、こうも思った。キムが今ここにいて、この経験を分かち合ってくれていたらよかったのに、と。

Trap2

——金・借金の罠

火曜日はほぼ一日中、アレックスは子どもたちと、のんびりビーチで過ごした。ハワイの海は、驚くほど彼の心を癒やしてくれる。ずいぶん長い間、「フルスロットル」で生活してきたので、とくに何もしないで丸一日を過ごすのは、なんだかとても新鮮だった。

翌朝、アレックスはすっきりした気分で目を覚ました。こんなにぐっすり眠ったのは、久しぶりだ。走って、ビーチへ行く。自分でも驚くほどエネルギーがみなぎり、ヴィクトリアが教えてくれることを何でも吸収できる気がした。

海岸沿いにある家のドアを、アレックスはノックした。

「この前レストランで会ったときより、五歳は若返ったわね」。ヴィクトリアが目を見はって言った。

「生まれ変わったような気分です。自分がここまで疲れ果てていたとは、思いもしませんでした」とアレックスが頷く。「今日、あなたと話すのが、どれほど待ち遠しかったことか」

「ついにその時間が来たってことね！　外へ行きましょう。ポーチに朝食を用意したの」

走ってやってきたアレックスは、いつもより空腹で、あっという間にオムレツをたいらげた。ヴィクトリア特製のスムージーは、今日のはいよいよ遠慮したくなる緑がかった茶色だ。アレックスはちびちび飲むふりをしたが、ヴィクトリアが家の中へナプキンを取りに行った隙《すき》に、中身を植え込みにさっと捨てた。

ポーチに戻ってきたヴィクトリアは、アレックスの口のまわりにスムージーがついていないのを見て、疑わしげな目を向けたが、追及はしなかった。

「アレックス、ちゃんと『トラップ・ノート』を持ってきた？」

「ええ、ここに！」アレックスが赤いノートを掲げる。

「準備はバッチリね。今日は借金について話しましょう」

アレックスは身を乗り出した。予想していたテーマであり、あらゆる考えを吸収して活かそうと思った――どの考えも、自分が今、持っていないのは間違いなかった。

「借金も、致命的な害をもたらす罠。ところが、そういう性質のものだと思わないから、人々は必要な予防策をとらない。前兆に気づく目も持っていない」

「前兆というと？」アレックスが聞く。

「罠の基本的な特徴のこと。この間、話したでしょ。罠は、魅力たっぷりに見えて、たやすく人をだまし、厄介で、私たちの行動を制限するものだって。借金には、四つの特徴が全部そろってるわね」

アレックスは頷き、ひとことも聞き漏らすまいと姿勢を整える。

「経験から言うと──借金の罠に落ちてしまう主な理由は、三つね」

ヴィクトリアが深く息を吸う。

「一つめは、私が金銭的近視眼《マネー・マイオピア》と呼んでいる、一種の病気にかかってしまうこと。今を楽しむことばかり考えて、将来に備えず、自分も家族もお金にルーズで不必要な出費を抑えず、結果として借金を抱えてしまうの。

二つめは、他人と張り合うための消費、という悪循環に陥ってしまうこと。つまり、『みんなに負けまいとして見栄を張る』こと。

そして三つめは、現実から目をそらしていること──最悪の事態に見舞われるのは他人で、自分は大丈夫、と思い込んでいるの」

「なんだか、僕のことを言われている気がするんですが!」アレックスは、頭にきたふりをして、そう言った。

◆マネー・マイオピア：「今がよければそれでいい」

ヴィクトリアがおかしそうに笑った。

「お金を殖やすためだったら、みんな、ほとんど何でもする感じよね——ただし、いちばん大事なことはしようとしない。お金の使い方について、節度をわきまえ、自制しようとしないの。なぜ自分を律することが大切かというと、子どもは親の習慣や行動を見て真似をするから。もし親がのんきで、今が楽しければいいという態度を示すなら、子どもも全く同じことをするでしょう」

「よくわかります」。アレックスが言った。「金の使い方に関しては、娘が僕そっくりなので」

「それはこの間の夜、会ったときに感じたわ。あなた、死ぬほど甘やかしてるんじゃない？目の中へ入れても痛くないくらいに」

アレックスが笑った。「僕の妻からいろいろ聞き込んだみたいな口ぶりですね」

「いいえ。私は、人の特徴を見抜くのが得意なだけ。それより——」と、ヴィクトリアが先を続ける。

「きちんと計画を立ててお金を管理しなければ、流されるまま、遊びや楽しいことばかりを優先してしまい、資金を有効に使えなくなってしまう。貯金、投資、教育費、老後の資金、それらを考慮して慎重に予算を組み、そのうえで、収入の範囲内で暮らせるようになるには、規律と覚悟が欠かせない。もし、今のことだけを考えて生きているなら、自制心と覚悟をもってお金を管理できるようには決してならないでしょう。

それがなかなかできないのは、借金をすれば欲しいものがとても簡単に手に入る時代になっているから。お金を使うことが、すごく魅力的にもなってる。まず、事前承認済みクレジットカードが郵送されてくる。カード会社は、カードを使うことで手に入る、メリットやサービスや特典を説明する。たしかに、クレジットカードを使えば便利なこともあるわね。でも、もっと考えなければいけないのは、カードの支払いが多額になったときにどんな大変な事態になるかってことだわ。

カード会社は人々に、どんどんカードを使い、依存してもらいたがる。支払い残高をゼロにさせてなるものかと思うわけ。そして、払える最低金額を毎月、払わせようとする。そうすれば、人々が買い物をし、長期にわたって返済することで、高い利息を得られるから。これ、どこかで聞いた話なんじゃない？」

「身につまされます」とアレックスが答える。「借金の罠に陥ってしまう理由の、あと二つは何ですか」

◆他人と張り合うための消費

「オーケー。二つめの理由は、周りの人が自分より幸せで豊かに見えてしまい、その人たちに負けたくない、と思うこと。そして、ものを手に入れることに夢中になってしまうの。そういう考え方が、今の世の中には蔓延してる。お金は何らかのものを手に入れるための手段だと思うようになり、そのために、不必要なものをたくさん買ってしまう。お金を使え、使わなきゃ、とばかりにね！

私も、ほかの人に負けたくない、とずっと思ってた。この悪循環は、なかなか断てないのよ。でも、ここ数年で、そういう考え方の虚しさがわかるようになった」とヴィクトリアは正直に話した。

そして、こう続けた。「問題は、手に入れたものに注意を奪われてしまうこと。買ったものは、傷つけないようにしなければならない。故障したら直さないといけないし、壊れたり流行遅れになったりしたら、新しいものに買い換えなければならない。エントロピーという言葉を知ってる？」ヴィクトリアが尋ねた。

「ええ、だいたいは。大学の科学の授業で習いました」とアレックスは答えた。「物理学で使う言葉ですよね？　宇宙にあるあらゆるものはいずれ、秩序ある状態から無秩序な状態になる、という考えだったかな」

「そのとおり——だんだん乱れて、やがて無秩序の状態へ堕落していくこと。あなたの子どもたちの寝室を思い浮かべてみて」

想像したアレックスの顔に、笑みがこぼれた。「あっという間にぐちゃぐちゃですね。僕だったら、少しずつ乱れていくほうが、ずっと気楽に暮らせます」

「あら、そこなのよ、ポイントは。それが、私たちが購入するあらゆるものにとっての問題点なの——住宅から自動車、家電、おもちゃ、衣類にいたるまで、あらゆるものにとってもの。新しい家に引っ越した瞬間、あるいは、新車をディーラーの駐車場から出した瞬間から、少しずつ乱れ始めるの。

でも、もっと大きな問題は、そういうものをローンを組んで、あるいはクレジットカードで買うと、借金の流砂にはまって抜け出せなくなること。はっきり言いましょう、泥沼状態よ」

「ええ、いやというほど知っています」。アレックスが身じろぎし、視線を手に落とす。「流砂という言葉を使って考えたことはありませんでしたが、そのたとえは怖いくらい的を射ていますね」

自分が、仕事で得る収入をどれほど当て込んでライフスタイルを維持しようとしていたかを、アレックスは思い返した。

「それで、三つめの理由は何です?」とアレックスは尋ねた。

◆現実から目をそらす:「最悪のことは、自分には起きない」

「借金の罠にかかってしまう三つめの理由は、今の状態が続いていく、と信じて疑わないこと」

ヴィクトリアがふたたび話をする。

「多くの場合、今の状態が続いていくのは、自分にとっていいことだわ。たとえば、ある価格で買った家を持ち続けた場合、数年経つと二〇~三〇パーセント高くなる。家というのはたいてい、そういうものだからよ——価値が上がるの。けれどもその後、私たちがすでに経験したように、不動産バブルがはじけて価値が下がり、突然、経済的に困窮することになる。あなた、持ってるお金より、家のローンのほうが多くなってるでしょ」

「どうしてわかるんです?」アレックスが聞く。

「見当をつけただけよ。それにたぶん、自分の安定は今後もずっと保証されている、と思ってるわね」。ヴィクトリアがさらに言う。「今まで自分は、懸命に仕事をしてきた。会社に忠誠を尽くしてきた。だから、これから先も、昇進と昇給とボーナスを手に入れられる、と」

「お言葉ですが、解雇されるかもなんて、誰も思いませんよ」。アレックスが抗弁する。

「それなのよ、アレックス。まさにそれが、借金の罠にはまってしまう理由なの。思いがけないことが起こるのを予測できない、あるいは、起こる気配に気づかないふりをするの。だけど、もしかしたら、新しくやってきたリーダーに嫌われるかもしれない。勤め先が、他社に買収されたり、業界の常識を覆す新たなテクノロジーに適応できなかったりするかもしれない。あるいは、私たち自身が――会社と同様に――不意打ちを食らわされるかもしれない」。ヴィクトリアが答える。

「全くそのとおりのことを、経験しました」。アレックスがぼやいた。

「空はいつも晴れている、自分の前途は常に明るい、稼ぎが減ることはない、と思い込んでいるときって、実は、最悪の事態になって、人生がメチャクチャになる可能性がきわめて高いときでもある。

私たちは繰り返し、自分に問いかける必要があるの――今の自分の経済状態は、いつまで続くだろう。もし収入が半分になったり、ゼロになったりしたら、どうなるだろう。借金の利子や固定費を払う手段があるだろうか――。

人生を最後まで戦っていくためには、最悪のシナリオに備えなければならない。こういうことを、あなたは考えたことがあるかしら、アレックス？」

「何というか、努力はしています」。弱々しく答えたものの、言ったとたん、なんとも間の抜けた返答に聞こえる。

その点を咎《とが》めようかとヴィクトリアは思ったが、アレックスは、変えなければならないあれこれに、すでに圧倒されている様子だった。

「このことを忘れないで。借金は、あなたの敵以外の何ものでもないこと、そして泥沼状態になってしまうことを。それから、借金がどんどん増えていくことに関しては、それにかかる利子が、とくに問題ね。

あなたにぜひ教えたい、ある人の言葉があるの。大切な言葉なので、紙に打ち出して額に入れ、壁に掛けてあるのよ。見に行きましょう」

そう言うと、ヴィクトリアは立ち上がり、ついてくるようにと、アレックスに身振りで示した。

立ち上がりざまに、アレックスはスマートフォンの着信をチェックした。チャズからメールが届いている。「～至急～　できるだけ早く返信してほしい」という件名だ。アレックスはつい、ひらいてしまったが、目を上げると、ヴィクトリアがどうしたのと言いたげな顔で待っている。アレックスはスマートフォンをポケットに戻した。ガラケーなら、自動的にメールをダウンロードすることなどないだろうに。

「これよ」と、ヴィクトリアが金色の額に納められた言葉を指差す。

アレックスは、一行目から読んでいった。

利子は、眠ることもなければ、病気になることも、死ぬこともない。病院に行くことも、決してない。日曜や祝日も働き、休暇を取ることも絶対にない……一時解雇されることもなければ、失業することもない。労働時間が短縮されることもない……愛情もなければ、思いやりも持ち合わせておらず、花崗岩《かこうがん》の崖のように厳しく非情だ。

ひとたび借金をすると、利子に四六時中、つきまとわれることになる。遠ざけることも、逃れることもできない。追い払うこともできない。懇願しても、要求あるいは命令しても、おかまいなし。それどころか、進路を妨げたり要求に応えなかったりすれば必ず、あなたを打ちのめすのだ。[*1]

読み終えたアレックスは、しばらく黙って座っていた。利子のことをこんなふうに考えたことは一度もなかったが、そこには彼の状況がみごとに言い表されていた。いったいなぜ、ヴィクトリアは彼のことがこんなにもよくわかるのだろう。

ヴィクトリアが、沈黙を破った。「自分のことを言われているみたい？」

「まさしく僕のことですよ。怖いくらい、当たってます」とアレックスは認めた。「なぜ壁に掛けてるんですか」

「借金と利子の負担という罠に、私もはまったことがあるからよ。まさかと思う？　私がどれほどの重荷を背負っていたか、想像もつかないでしょうね。今も、ちょっとでも借金をしたり財布のひもを緩めたりしたくなったらすぐに、これを読んで、罠に落ちないようにしてる」

アレックスは、ヴィクトリアの率直さに心を打たれたが、自分自身の状況を思うと、いよいよ気が滅入っていく。

アレックスの暗い気持ちを察して、ヴィクトリアが言った。

「そんな顔しないで、アレックス、元気を出しなさい！　過去には戻れないし、変えることもできない。それはもうすんだこと。でも未来へは、針路を変えて進むことができる。あなた、正しい心構えができたと思うわよ。これで、戦略と戦術を学んでいくことができる。借金の罠を抜け出し、うっかりはまってしまった流砂から逃れるための、戦略と戦術を」

ヴィクトリアは、にこにこしながらそう言って、アレックスを励まそうとした。

ありがちなアプローチ

「借金について書かれた本を手当たり次第読んだけど、困ったことに、薦められている戦略は、うまくいかないものがほとんどだった。たいてい、予算を立てるようにとアドバイスされていたの」

ヴィクトリアが詳しく話し始めた。

「誤解しないでね。予算なんて考えなくていいって言ってるわけじゃないのよ。資金計画を立てるうえで、予算は重要でしょう。

ただ、経験から言って、予算を考えるだけでは、借金の罠を逃れることはできない。予算を立てるには、強力な意志の力《ウィル・パワー》が必要だもの。それに、短期間なら自制できても、長期となると難しい。新年によく、『最新のダイエット・プランをきちんと守って九キロ痩せよう』って決意するけど、あれと同じで、威勢よく始めるものの、すぐに挫折してしまうのよ。

そんなわけで、多くの人が借金の罠に何度もはまってしまう。おまけに、繰り返しはまると、いっそう強く、逃れられないと思い込むようになる」

啓示的《エピファニー》ブレイクスルー

アレックスの表情は暗く、相変わらず自分の状況に希望を見出せない様子だった。

ヴィクトリアはすかさず、アレックスを励ました。

「でもね、アレックス。罠からは、逃れることができるの。実際、逃れている人たちがいる。実は、この私が、まさにその一人なの。

そんなに昔じゃない。ロブと私も、借金の罠にどっぷりはまってた。ブランドものの服を買ったり、エキゾチックな場所で休暇を過ごしたり、高級レストランで食事をしたり、必要もない贅沢品をクレジットカードで買ったり。そういう支出に罪悪感はなかった。航空会社のマイレージとホテルのポイントがたくさんたまっていたから。それに、そういうポイントで次の休暇の費用を全額、貯金できていると思ってた。あなたも、そんなふうに考えて、支出を正当化したことがないかしら」

そして先を続ける。

「お金の使い方を変えなきゃいけないことはわかってた。ただ、何をどう変えればいいのかが、よくわからなかった。何カ月もの間、計画的な使い方をしようと思って頑張ったけど、結果はさっぱりだったわ。たまに倹約して暮らせるときがあっても、ロブか私のどちらかが散財して、元の木阿弥になってしまった。

今までにない新しいアプローチを、二人で探した。その頃、ロブは、地元のレクリエーション・センターでボランティアをしていたの。一〇代の子どものバスケットボール・チームで、コーチをしていたのよ。

そして、チーム内で練習試合をするうちに気がついた。体育館にあるスコアボードのスイッチを入れて、どっちのチームが勝っているかをひとめでわかるようにすると、子どもたちが俄然、張り切り出す。ところが、得点を表示せずに試合をすると、リバウンドボールを取ろうと必死になったりディフェンスについたりしなくなり、シュートもおざなりにしか打たなくなる。そう気づいたロブは、子どもたちに集中してプレーしてほしいと思うときには必ず、スコアボードのスイッチを入れるようになった。

そんなある日、お金の使い方について私と話しているときに、ロブがこんな提案をしたの。『借金を返すのに、スコアボードみたいなものを取り入れたらどうだろう。オリジナルのスコアボードをつくれば、どれくらい返済したかを、ひとめでわかるようにできるんじゃないかな』。

ただ、借金を返すのは試合とは違うから、バスケットボールのスコアボードをそのまま使うことはできなかった。でもそのとき、私ね、別のことを考えていたの。ちょうど、ロブとアマゾン川へ旅行に行って帰ったばかりのときだったんだけど、ヘビがたくさんいたなあって。かなり大きいのやら、途方もなく大きいのやら、とにかくロブが昔から心底怖がってるヘビが。

それで、借金をどれくらい返済したかを、どうすればひとめでわかるようにできるだろうってロブに聞かれたとき、そのことを思い出してこう言った。『ヘビを使ったらどうかしら』。ロブは顔をしかめたけど、『本物のヘビを家に入れるわけじゃないなら悪くない考えだ』と答えた。

私たちは、ブッチャー・ペーパー（肉屋が肉を包むために使う厚手の防湿紙）を一巻き買って、ヘビを描き、切り抜いた。大きな頭の、長い長い胴体のヘビを、キッチンからリビングまで、延々と這《は》わせたの。胴体には、借金一〇〇〇ドルごとに、線で区切りを入れた。当時、クレジットカードの支払い残高は九万ドル近かったから、紙のヘビは、アマゾンで見たニシキヘビより長くなってしまったわ。目標は、支払い残高を、一刻も早くゼロにすることよ。返済するたびに、ヘビの胴体に入れた区切りの線を切ったの。

ヘビのおかげで、驚くほどやる気が出て、あっという間に支払い残高をゼロにできた。思っていた二倍のスピードよ。それから、車二台のローン、さらに住宅ローンを完済した。これだけのことを、五年足らずでやり遂げたの！

紙のヘビを使う方法がうまくいったのがうれしくて、私たちは、『人生という長いスパンで考えるべきお金トップ3』についても、ひとめでわかるスコアボードをつくることにした。トップ3というのは、これ。

1　預貯金
2　投資
3　老後の蓄え

借金がゼロになった私たちは、それまでは頭金にしたりしてお金を気前よく使っていたけど、そういうのを全部やめて、財産を殖やすことにした。長期的な目標と計画を実現するためよ。複利の力を――アルバート・アインシュタインが、『世界の八番目の不思議』と呼んだ力を、利用しようと思ったの。利子はそれまで、私たちにとってマイナスに作用し、借金を膨らませていた。でもこれからは、自分たちにとってプラスに作用させようと思ったの。

そのために、色紙で木をつくり、太い枝を三本つけた。枝は一本一本が、計画的に使うべきお金を表すのよ。ヘビのスコアボードのときは返済するたびに胴体を切っていったけど、今度はそれとは違って、一〇〇〇ドル貯めるたびに、枝に葉をくっつけた。葉が増えれば増えるほど、お金がたくさん貯まったことが、目で見てはっきりわかるの。

お金を借金の返済に充てることに慣れていたから、充てる先を三つの枝に変えるのは簡単だった。私たちは、貯金と、投資と、老後の蓄えそれぞれに、毎月一〇〇〇ドルを充てた。やがて、どの枝も重いくらい緑の葉でいっぱいになった。

私たちは、お金が自動で引き落とされるようにした――毎月三〇〇〇ドルが、三つの枝に確実に振り分けられるようにしたの。給料日、わが家の場合は第一金曜日にね。

最初は苦しかったわ。でも、財産を殖やすためのお金を、まず口座から引き落とされるようにしてみると、給料の残りで、その月の終わりまで暮らせるようになった。

大半の人が間違っているのは、この引き落としを、月初めじゃなく、月末にしようとすること。すると、月末になる頃には口座にお金が全然残ってなくて、貯めなきゃという気持ちはあっても、続けることができない。健全で安定した経済力を持てるかどうかは、よい習慣を積極的につくれるかどうかにかかっているの。

そういう前向きな習慣を持ったことで、私たちは、お金の面で、思いもよらなかった道を歩むことになった。最初からそうしていればよかった、とは思うけど」

よくわかります、という顔で、アレックスは頷いた。

「借金については、どんな方法をとれば、啓示的《エピファニー》ブレイクスルーになるかしら。ありがちなアプローチは、これ。もっと自分に厳しくなり、計画を立ててそれをきちんと守り、どんなに大変なときでも自制心を働かせなさい——。正論だけど、ほとんどの人にとっては、まずうまくいかないわね。少なくとも、それだけでは。

型どおりじゃない解決策では、こうよ。スコアボードをつくり、ゲーム感覚で楽しく、借金を返済したり、お金がどんどん殖える貯蓄プランを考えたりするの」

ヴィクトリアは、ようやく話を終え、アレックスの反応をうかがった。

「いや、驚きました。まさかあなたがそんな多額の借金を抱えていたなんて」とアレックスは言った。「金遣いが荒いのは僕だけだと思ってました」

「わが家にある古いインテリア雑貨。あのすべてを、いったい私はどうやって購入したでしょう？」謎をかけるように、ヴィクトリアが言う。

そのとき、また時計が鳴った。正午だ。あっという間の三時間だった。アレックスの借金は、一セントたりとも減ったわけではない。だが、借金は罠だというヴィクトリアの考え方と、紙のヘビと木をツールにして家計を立て直すというそのアイデアに、アレックスは体の芯から力がみなぎるのを感じた。この戦略は職場でも活かせるのではないか、とも思った。

アレックスの思考を、ヴィクトリアが断ち切った。

「とくにこのことを肝に銘じておいてね、アレックス。お金は、ツールにもなれば、厄介な荷物にもなるってこと。借金で首がまわらなくなったら、選択肢が減り、できることが制限され、囚われの身で生きることになる。でも、複利の力を活かしてお金を味方にしたら、お金は何倍にも殖える。私たちの大きな力になってくれるの。

借金でにっちもさっちもいかず苦しいときは、同様に借金で苦しんでいる人と話をして、彼らの知恵や後悔から学ぶことができる。それにね、借金の返済にゲーム感覚で楽しく取り組むと、家族も夢中になって、それぞれが自分の行動を改めるようになる。そして、みんなで力を合わせて、共通の目標に取り組めるようになる。

投資をして利益を得る。子どもの教育費を貯める。老後の蓄えを殖やす。収入がなくなったり不測の事態が起きても、それを埋め合わせられるだけの貯金と備えをする——。これらは、人生という長いスパンで考えるべきお金よね。そういうお金についての目標は、その目標に近づいていることを実感して、やる気が刺激される必要があるの。わかるかしら、アレックス？」

「ええ、わかります。あなたの話のポイントを、全部つかめているといいんですが」

そう言って、アレックスはノートに視線を落とした。

Trap2 ――金・借金の罠

▼この罠にかかってしまう理由

1　私たちは、金銭的近視眼《マネー・マイオピア》という病気にかかっており、「今がよければそれでいい」と思ってしまっている。

2　私たちは、他人と張り合うための消費という悪循環に陥っており、「みんなに負けまいとして見栄を張ろう」としている。

3　私たちは、現実から目をそらしている。最悪の事態に見舞われるのは他人で、自分は大丈夫、と思い込んでいる。

▼ありがちなアプローチ

計画を立てて、自分に厳しくなれ。
自制心を働かせよ。

▼啓示的《エピファニー》ブレイクスルー

借金の返済にゲーム感覚で取り組み、楽しく、興味深く、張り切ってできるようにする。家族全員で、スコアボードをつくり、家の中に掲示する。

「いや実際」とアレックスは言った。「ここであなたから聞く話は、本当にためになります。ありがとうございます、ヴィクトリア。どれも、僕に足りなかったことばかりです」

ヴィクトリアが微笑みを返した。「お役に立ててうれしいわ、見習いトラポロジストさん。あなたがこれからどんな行動を起こすか、早く知りたくてたまらない。あなたたちの——つまり、マイケルやローラも含めた、あなたたちの行動をね」

「僕も同じ気持ちです、ヴィクトリア！　子どもたちはきっと夢中になってくれると思います」とアレックスは答えた。

アレックスの表情が明るく、気持ちが少し前向きになっていることに、ヴィクトリアは気がついた。目が、キラキラと輝いている。

「あなたたちが帰るまでにはまだ数日あるし、さよならを言うにはまだ早すぎるわね。最後にもう一度会うのはどう？」

「喜んで！　こうした罠を避けられるようになるのは先のことだと思いますが、とにかく、必要なことをすべて教われました」。安堵のため息をついて、アレックスが言った。

「あら、すべて？」ヴィクトリアは、ウインクをしながら答えて、ドアを閉めた。

最後のひとことに、アレックスは少し戸惑いを覚えたが、全体としては、晴れやかな気持ちでヴィクトリアの家をあとにした。教わった原則が持つパワーに、自分がずっと気づかずにきたことが、信じられなかった。スコアボードが職場で営業チームのやる気を引き出すのに効果がありそうだということにはピンときたのに、つまり、さまざまな考えや経験を考え合わせて、活かすことができたのに、同じことが、家庭ではできていなかったのだ。

アレックスは、教わったことを子どもたちに伝え、自分の計画を話すのが待ちきれなかった。マイケルはきっと、パパの頭が変になったと思って、何があったかをキムに話すだろう。だが、アレックスはかまわなかった。むしろ、そうしてほしいと思った。


ホテルに戻る途中で、ようやくチャズからのメールをひらくことができた。「至急」などと、何事だろう？　だが、来月の会社の昼食会について、できるだけ早く返事が欲しいという内容にすぎなかった。何だよ、全く！

アレックスが部屋に戻ると、子どもたちは朝食の値段をめぐって言い争いの真っ最中だった。

ローラが、いろいろ食べられるからバイキング料理がいいと主張するのに対し、マイケルは、バイキングの値段は二九ドル九五セントであり、高すぎると思っていた。マイケルがいいと思うのは、八ドル五〇セントの、ベーグル一個とオレンジジュースのセットだ。

アレックスは、まるで自分と妻みたいだと思いながら、子どもたちの言い争いを、新しい視点から眺めた。今までとは違う目で二人を見るのは、とても不思議な感じだった。

ローラが、何とか言ってやってよと、アレックスに加勢を頼んだ。だがアレックスは、こう言って、娘を仰天させた。

「たしかに、二九ドル九五セントというのは、朝食にしては高いな」

「ほら、ぼくが言ったとおりじゃないか、ローラ」とマイケルが得意げに言った。買おうと思うものの値段について、アレックスがマイケルの味方をしたのは、これが初めてだ。

「どうしちゃったのよ、パパ?」ローラが問い詰めるように聞いた。「ヴィクトリアさんに会いに行くようになってから、パパ、変わったわ」

「変わるのは悪いこととはかぎらないよ」。アレックスが答える。

「いったい、何なのよ」。かみつくように、ローラが言った。「あの人、パパに何を言ってるの」

アレックスは考え込むように小首を傾げ、娘をじっと見た。

「ヴィクトリアのおかげで、パパは、これまで考えたこともなかったことがわかるようになってる――それはいいことだ。いや、いいどころか、すごいことだ！」

「それで、今日はどんなことについて話したの」

マイケルに尋ねられ、アレックスは、ベッドに座るマイケルの隣に腰を下ろした。

「パパが抱えているいろんな問題を、『罠』として考えよう、という話だ」

「罠？」声をそろえて、子どもたちが聞き返した。

「そう、罠だ」。アレックスが頷く。

「で、パパはどんな罠にかかってるわけ？」笑いをこらえて、ローラが聞いた。「ネズミ取りの罠？　スピード違反の」

「そうだったらいいんだけどね」とアレックスは答えた。「これまでのところ、ヴィクトリアは二つの罠について話してくれた――一つは、昨日パパがおまえたちに話した『夫婦関係の罠』。そして今日は『借金の罠』だった。どうも、ほかにもまだあるみたいだけど」

別れぎわのヴィクトリアの言葉を思い出して、アレックスがため息をつく。

「待って――パパ、冗談を言ってるわけじゃないわよね」。ローラが言った。「これはちゃんと聞かなくちゃ」

「借金のこと、とくにクレジットカードの支払いに関しては、全部パパが悪い」。アレックスは素直に認めた。「この旅行も、新しいクレジットカードで支払うことになってるし」

「それで？　借金のどんなところが問題なの？」せっつくようにローラが尋ねる。

「正直に言うと、パパはこれまでずっと、問題なんか何もないと思ってた」。静かな口調で、アレックスは話した。「でも今、パパは山のような借金を抱えていて、返そうにも、とてもすぐには返せない。毎月、とんでもない額の利子を払ってる。これがすごく負担だ」

「で、これからは何がどう変わるの？　パパは、マイケルみたいにつまんない人間になって、何も楽しまずに生きてくわけ？」ローラが不満そうに言う。

「そうじゃないよ、ローラ。パパは、おまえとマイケル、そしておまえたちのママと一緒にいるときがいちばん幸せだ。ただ、今は借金の利子を払うだけで精一杯で、ぜんぜん余裕がない。借金をすっかり返したら、パパの収入の中で、旅行に行けるようになる。それは家族で一緒にしたいと思うことの一つだね」。アレックスはそう答えた。

「それで、パパはどうやって借金をなくすの」。マイケルが興味深げに聞いた。

「そこがあっと驚くところなんだよ、マイケル。ヴィクトリアお勧めのやり方は、スコアボードをつくって、どれくらい借金を返済できたかを、ひとめでわかるようにすること。つまり、積もり積もったクレジットカードの支払い五万ドルを、紙のヘビで表現する。そのヘビを家の中のよく見えるところに掛けて、借金を返すたびに切り取っていく」

「カードの支払いが五万ドルも？」信じられないという顔で、マイケルが聞いた。「どうやったらそんな金額になるのさ」

「別に不思議なことじゃない」とアレックスは答えた。「この旅行が終わる頃には五万五〇〇〇ドルになるだろうし」

「うわ、とんでもない金額だ」。思ったままを、マイケルが声に出す。

「うん、まあ」とアレックスは認めた。「でも悪いことばかりじゃない！　スコアボードをつくって借金の額をはっきり見えるようにしたら、一年～一年半で全部返せるんだ」

ローラがあきれた顔をし、きつい調子で言った。「そんなにうまくいくものかしらね！」

娘の否定的なコメントを、アレックスは聞き流した。そして、マイケルに向かって、こう話した。

「いいかい。カードの支払い残高を毎月三〇〇〇ドル減らす。借金をこれ以上、絶対に増やさない。この二つを同時にやれば、不可能じゃないんだ」

ローラが、声を張り上げ、いっそう生意気な口調で、思ったままを口にした。

「そんな夢みたいなことが、紙のヘビをつくれば起きるって言うの？　そんなことで、家族みんな、この先ずっと幸せに暮らせるのかしらね！」

「そりゃ、パパだって最初は半信半疑だったさ」と、アレックスはローラのほうを向いて言った。「でも――」

「ぼくはメチャクチャいいアイデアだと思うよ、パパ」。さえぎるようにマイケルが言った。

「借金返済お助けヘビ。最高じゃん！」

アレックスがうれしそうに笑った。

「おまえならきっとそう言ってくれると思ってたよ、マイケル。ヘビは長くて立派なのがいいと思うんだけど、どうかな。そして、ヘビの形に切り抜いたら、三センチずつ、五五カ所にしるしをつける。しるし一つが一〇〇〇ドル。全部で五万五〇〇〇ドルだ」

「今すぐ、つくろう！」大声で言いながら、マイケルはベッドから勢いよく立ち上がり、ローラのひじをつかんだ。「ローラ、一緒に来てよ」

ぶつぶつ文句を言うローラを、マイケルがドアのほうへ引っぱっていく。

「すぐ戻るよ、パパ」。はずんだ声で、マイケルが言った。

二〇分ほどで、二人は戻ってきた。厨房でブッチャー・ペーパー（肉を包むのに使われる厚手の防湿紙）をもらい、フロントから、三〇センチの物差しを三つとマーカーペン数本を借りてきている。寸法を割り出すために、マイケルが計算を始めた。

「借金が減っていくのがはっきりわかるように、一〇〇〇ドル単位で五センチごとにしるしをつけるのはどうかな」とマイケルが尋ねた。

「早く返すに越したことはないわね」。厳しい顔をして首を振りながら、ローラが答える。

「ええっと、長さは二メートル七五センチだね。胴体だけで」。ブッチャー・ペーパーの紙片を使って計算し、マイケルが言う。

「頭を二五センチにしたら、きっかり三メートルのヘビができるわね！」ローラが合いの手を入れる。

マイケルがうん、と頷き、長いブッチャー・ペーパーにしるしをつけていった。その後、ローラがヘビの姿を描いた。頭の部分は、二人で力を合わせて描いた。大きく口をあけた様子は、今にも二人を丸呑みしそうだ。マイケルが、鋭い牙と長い舌を加えた。ローラが、ビーズのような小さな目を描いて赤く塗り、眉間にしわを一本描いた。こうして、いかにも意地悪そうなヘビが出来上がった！

アレックスは、子どもたちがどんどん作業を進めていくのを、ゆったりと見守っていた。アイデアを話してからまだいくらも経たないのに、すでにヘビが完成し、家に帰ればいつでも壁に貼れる状態になっているとは！　彼は信じられない思いで、首を振った。

それまで、家でキムも交えて家族会議をひらき、一家の経済状態と予算を組む必要性について話し合おうとしたことは、何度もあった。だが、成果が得られたことは一度もなかった——たいていは、アレックス自身が協力的でなかったのが原因だった。

それなのに今、父親が提案した借金返済プランを、子どもたちは受け容れてくれている。その様子を目の当たりにして、アレックスは勇気が湧く思いだった。マイケルは最初から全面的に賛成してくれていたし、ローラも、紙のヘビづくりを手伝ううちに、少し前向きになってきたようだった。

「ハワイにいる間は、この部屋の壁に貼っておくのはどう？」

ローラが、アレックスの顔を見ながら提案した。

アレックスが、いいねと笑みを浮かべると、ローラは、今度はマイケルのほうを向いて、こう言った。

「フロントに物差しとマーカーを返して、今度はテープを貸してもらいましょ」

少し前向きに、どころではない展開に、アレックスは目と耳を疑うばかりだった。

紙のヘビをローラと一緒に壁に貼りながら、マイケルが父親に尋ねた。

「この旅行中に借金がさらに五〇〇〇ドル増えないようにするために、何かできることはないの？」

「たぶん、ない」とアレックスは答えた。「おまえたちの飛行機代が、一人あたり六〇〇ドル。パパのはポイントで払った。部屋代は、一泊四〇〇ドルが五日間――プロモーションの一環で、あと二日は無料だ」

「そこまでで三二〇〇ドルになるよ、パパ」。マイケルが素早く計算する。

「そのとおり！　ほかにも、食事や移動や遊びのために、あと一八〇〇ドルくらいかかると思うんだ」

マイケルが、ちょっと気になった様子を見せた。「食事代とかに、今のところいくらかかってるの？」

「ここに来たのが土曜で、今日は水曜だ」。そう言うと、アレックスはクレジットカードの利用控えをぱらぱらと見て、テーブルに置いた。

「これを見ればわかるよ、マイケル。計算はおまえのほうが得意だろう。合計してみてくれないか」

「いいよ」とマイケルが答える。スマートフォンを取り出して、電卓アプリを起動し、ものの数分で合計金額を出す。

「今日までで、五四三ドル九六セント」。大きな声で、マイケルが言った。

「結構な金額ね」。ローラが感想をもらす。

「ロイズで一五一ドル一二セント、トミー・バハマで一七五ドル八九セント、魚料理が美味しかったあの店で一二四ドル五〇セント、使ってる。それと、昨日の晩の寿司が九二ドル四五セントだった」。利用控えをぱらぱらとめくりながら、マイケルが言った。

「いや、まだあるぞ」。アレックスが言う。「ホテルでいくら使ってる？」

「請求金額がどれくらいになってるか、テレビでチェックできるはずだよ」。思い当たって、マイケルが言った。「合計がわかるかどうか、やってみる」

数分で戻ってきたマイケルは、全部で三二五ドル五五セントになっている、と報告した。そして、こう指摘した。その金額には、ノンアルコールのピニャ・コラーダ（パイナップルジュースとココナッツミルクでつくるカクテル）七杯分、計七五ドルも含まれている、と。

マイケルはローラのほうを向き、尋ねた。

「ピニャ・コラーダを毎日、飲んだの？　一日も欠かさず？」

「毎日ではないけど」とローラは白状した。「土曜日に一杯、日曜に二杯、火曜に二杯……覚えているかぎりでは」

「日曜は三杯だよ！」マイケルが訂正した。「トミー・バハマでも一杯飲んでた」

「ハワイに来て、トミー・バハマでピニャ・コラーダを注文しないなら、ほかにどうすればいいのよ？」ローラが言い訳をする。

「ローラの無駄遣いのせいで……八六九ドル五一セントになった」。マイケルがトータルの金額を告げた。

「上出来だ！」以前の自分に逆戻りして、アレックスが言う。「あと三日で九〇〇ドル以上、使える計算だ」

「これから三日間の出費を、四三〇ドル以内にするってのはどう？　借金が、五万五〇〇〇ドルから五万四五〇〇ドルになるよ」。マイケルが提案した。

「すると、紙のヘビを五〇〇ドル分、短くできる——二・五センチか」。アレックスが言う。

「ちりも積もれば、よ」。ローラがにっこりした。

「たしかに、そうだな！　二人とも、ありがとう。すごく励まされるよ」

「どうってことないわ」。ローラは、父親の謝意を無下にはねつけたかに見えたが、すぐに笑ってこう言った。「ほんとに大変なのは、計画を進めるために出費を抑えることでしょ」

「二人とも、まだ陽のあるうちにビーチへ行かないか」

アレックスと子どもたちは、急いで水着に着替え、ホテルの裏にあるビーチへ向かった。家族としての新しい絆を感じながら、エレベーターの中で押し合いへし合いし、波打ち際ではしゃぐ。輝く太陽、あたたかな海の水、ボディサーフィンをするのに最高の波の具合。子どもたちと戯れる時間がこんなに楽しかったときを、アレックスは思い出すことができなかった。それと同時に、強い悲しみと後悔を覚えずにはいられなかった。キムが今ここにいてくれたらどんなにいいだろう、とアレックスは思った。彼女がいなければ、自分たちを「家族」とは呼べない気がした。

太陽が沈み始め、水平線が鮮やかな色を帯びていく。それを、タオルの上に寝そべるローラが、やはりそれぞれタオルの上に寝そべる父親と弟に、ほら、と注意を促す。アレックスは、今日が転機と言うべき日であったことに思いを馳せた。明日がどんな日になるのかも、待ち遠しくてならなかった。そしてまた、願っていた——キムが今ここにいて、すべてを見てくれていたらいいのに、と。キムなら、何を思い、どんなことを考えるだろう……。そのとき、マイケルに問われて、アレックスは現実に引き戻された。

「パパ、今晩は何を食べに行くの？　ぼく、もうお腹ペコペコだよ！」

何時間も海で遊んだり泳いだりしたので、三人ともくたくたに疲れ、死にそうなほど空腹になっていた。水着を脱ぎ、清潔なふだん着に着替える。気分まで、さっぱりした。

「オーケー、今夜はフードトラック（屋台村）でローカルフードをどうだい？　メチャうまだし、実際、食通を唸らせるほどのものもある。おまけに、ハワイの大半のレストランより安上がりだ。メキシコ料理に中華料理、タイ料理、それに最高にうまいガーリック・シュリンプもある。何よりいいのは、三人それぞれが好きなものを選んで、真ん中にあるピクニック・テーブルに持ち寄って食べられることだ」

ローラはタイ料理、マイケルはメキシコ料理を選んだ。アレックスは、一枚の大皿に山と盛ったガーリック・シュリンプとスティッキー・ライスを買って戻ってきた。どれも絶品だった！　それに会話もはずみ、三人は、どう分けて食べるかを相談したり、誰がいちばん賢い選択をしたかについて互いをからかったりした。

食事が終わると、マイケルが面白半分に、みんなの領収書を集めて合計金額を計算した。三人とも、目を見はった――いつもより豪勢だったのに、払った金額はわずかで、しかも今までにないくらい楽しく過ごせたのだ。このぶんなら、借金完済へ向けたこの新しいアプローチは、もしかするとうまくいくかもしれなかった。

Trap3

――焦点《フォーカス》の罠

ハワイで過ごす最後の朝に、アレックスはふたたび海沿いを走って、ヴィクトリアの家へ向かった。

「アレックス！　また会えて、本当にうれしいわ。ここにいる間にずいぶん日に焼けたわね。日焼け止めというものを知らないのかしら」。ヴィクトリアがにこやかに迎える。

「もちろん知ってますよ。子どもたちにも、そのことでからかわれてるんです。僕の肌が白と赤の二色になってるって。もうこうなったら、とことん赤くなってやろうと思ってます」

「私の一〇〇パーセント天然のアロエジェルを分けてあげるわ。顔の日焼けが、少しはおさまるでしょう」

「ヴィクトリア、またここに来られて、ありがたいと思っています。こんなふうに時間を割いて、大切なことを教えてくれて、何とお礼を言ったらいいのか。ロブがいないときと重なってしまったのが残念です。彼にも会いたかったな。でもとにかく、あなたと一緒に過ごせて、本当によかった」

「私もよ、アレックス。だけど、私を頼りすぎちゃだめよ」

ヴィクトリアはウインクすると、またしても、スムージーを差し出した。今日のは、色も怪しいし、目を疑うほど、どろっとしている。アレックスは当惑を隠せなかった。

「すみません、ヴィクトリア、遠慮します。用意してもらって申し訳ないですが、飲むのはもうごめんです。僕のためにこれをつくるのはやめてください！」

「あなたがまだ死んでいないのは驚きよ。いらないものを体の中にこれでもかというくらい、ため込んでいるのに。さあ、飲んで。絶対、体にいいから」

アレックスはヴィクトリアを見つめ、次いでスムージーに目を落とし、ふたたびヴィクトリアを、懇願するような目で見上げる。

だが、出合ったのは容赦ない眼差しだった。

「飲みなさい！」

ヴィクトリアに、いささかも譲る気はなかった。

アレックスは顔をしかめ、思いきって口に入れた。そのまま飲み込む。驚いたことに、見た目に反して、それほど変な味ではない。アレックスは眉をひそめた。

「まずく……はないですね……」

そう認めて、肩をすくめる。

ヴィクトリアはじっと目を離さず、アレックスが頭を後ろへ傾けて最後まで飲みきるのを見守った。

「少しは感謝なさい……」

ヴィクトリアはつぶやくように言うと、首を降りながら、アレックスとともに家の中へ向かった。

「あなたの味覚は、五歳児並みに鋭いのかもしれないわね、アレックス。ま、何はさておき、あなたがこのパラダイスにいるうちに、もう一度会えてうれしいわ」。ヴィクトリアが言う。

「滞在を延ばしたいのは山々なんですが……」。声がだんだん小さくなる。「いろいろとやらなきゃいけないことがあるので」

「そうかもしれないわね。でもとにかく、あなたには、仕事と家庭について全く新しい見方ができるようになってほしいの。そうなれるよう、次の罠の話に入りましょうか」

「ええ、お願いします」。そう答えて、身を乗り出す。

「三つ目は、焦点《フォーカス》の罠。わけても恐ろしいのは、『取るに足りないこと（thin things）にとらわれて（thick）身動きがとれなくなってしまうこと』」とヴィクトリアは言った。

「単語の頭で、韻を踏んでるんですね、thin、things、thick って」。それぞれの語を思い浮かべて、アレックスが言う。

「ある聡明なスピリチュアル・リーダーが頭韻を踏むのが好きでね、その人が使っているフレーズを基《もと》にしたの」

「それで、どういう意味なんです？」アレックスが先を急かす。

「取るに足りないことというのは、暮らしの中にある、必ずしも必要ではないもののこと」とヴィクトリアが話を始める。「つい注意《フォーカス》を集中してしまうけど、そういうものは、目的の実現に役立つわけじゃない。『取るに足りないことにとらわれてしまう』の意味は、私たちも大半の人も、生活の中の、些末で中身のないものごとに夢中になってしまうものだ、ということなの」。ヴィクトリアはそう説明した。

「つまりね、アレックス。たいていの人が、全部やり終えなきゃ、TO DOリストを達成しなきゃ、いつも活動していなきゃって、しゃかりきになってる。みんな、人生というランニングマシンに乗って、常にオンの状態になってるわけだけど、その程度が度を超えているために、重要なこととそうでないことの見分けがつかなくなってしまっているの。そういう人は、大切なことをじっくり考えていない——自分をしっかりコントロールして、最優先事項を見きわめることができていないのよ」

ヴィクトリアが言葉を切り、アレックスの表情をうかがう。

「自分が最も価値を置くものについて、じっくり真剣に考えずにいると」と、ヴィクトリアが警告するように言う。「あらゆるもの、つまり、大切なものと取るに足りないものの両方が、一緒くたになってしまう。というより実際には、私たちは大半の注意を、取るに足りないものごとに向けるようになる。なぜなら、本当に大切なことをとことん追いかけるためには、先々を見越した行動をとらないといけないから。

最重要のものごとは多くの場合、行動しないと始まらない。つまり、そのものごとに集中するために、日々当たり前にしていることを離れ、どこかで時間をつくる必要がある。そうしなければ、日常の些末なことやほかの人の計画に呑まれてしまうの」

ヴィクトリアがさらに話を続ける。

「アレックス、あなたは人生に意義ある変化を起こし始めてる。今こそ、あなたにとって重要なもの――絶対に欠かせないものについて、深く考えるチャンスよ。人生で何より大切にしたいと思うものについて、聞かせてくれないかしら」。ヴィクトリアが尋ねた。

「ええ。ですが、少し考える必要があるかもしれません」とアレックスは答える。

「ええ、いいわよ。そのあと、人生でいちばん大切だと思うものを、五分で書き出してみるのはどう？　思い浮かんだものを、判断してはだめよ――浮かんだ考えを、ただ書き並べるの。リストはあとで、短くすることも付け加えることもできるわ」とヴィクトリアが言い添えた。

五分間、黙ってじっくり考えたのちに、アレックスは大切なものをリストに並べた。

・キムと、ローラと、マイケル
・自分の会社を立ち上げること
・運動
・八時間の睡眠
・休暇
・親戚や友人たちとのつながり
・宗教
・優れた本を読むこと
・瞑想と熟考
・チャズとのゴルフ

ヴィクトリアが沈黙を破った。「はい、そこまで！　五分経ったわ」

「あっという間ですね」。そう言って、アレックスがため息をつく。

「自分でも驚くような考えが出てきた？」ヴィクトリアが尋ねる。

「ええ、二つめの『自分の会社を立ち上げること』がそうですね。これが自分にとってどんなに重要かを思い出しました」とアレックスは答えた。

「詳しく聞かせて」。ヴィクトリアが熱心に促す。

「僕はずっと昔から、自分の会社を持ちたいと思ってきました。でも、具体的な行動を起こしたことはありません。今、僕は四〇代です。一か八かやってみるなら、早く行動しなければ、とは思うんですが」。アレックスはそう打ち明けた。

「行動を起こせずにいる原因は何かしら」

「どういうわけか、仕事での成功に足止めされてしまうんです。今度こそと思っているまさにそのときに、昇進を打診されます。それも、とうてい断れない、いい話なので、ますます今の仕事を辞められなくなります。行動を起こすタイミングをずっと計ってるんですが、そんな時機は来る気配さえありません。そもそも、起業する『完璧なタイミング』があるのかどうかわかりません。ただ、先延ばしにすればするほど、辞めにくくなるのはたしかだと思います」。アレックスは切々と訴えた。

「自分の直感を信じれば、辞める時機はおのずとわかるはずよ」。ヴィクトリアが励ます。

「そうであることを、心底願ってます」

ヴィクトリアが視線を、アレックスのリストに戻した。

「ところで――試合の最新のスコアを絶えず確認することは、このリストにあるかしら」

きまり悪そうに、アレックスは首を振った。初めてここを訪ねて話しているさなかに、スマートフォンを取り出した際、ヴィクトリアから向けられた眼差しを、アレックスは思い出した。いずれこんなふうに言われるにちがいなかった、と彼は思った。

「何はさておき電子メールに返信することは、どうかしら」

その点については、アレックスは異存があった。

「ちょっと待ってください、ヴィクトリア。僕の仕事では、連絡を取り続けることが不可欠です。メールをチェックしないと、仕事ができません」

「アレックス」とヴィクトリアが言った。「そのことは、少しあとでまた話しましょう。いずれにしても、あなたにはじっくり考えてもらいたい。突きつめれば三つのことが原因で、私たちは、どうでもいいことにとらわれて身動きできなくなるのよ」

◆押し寄せるものをフィルターにかけていない

「私たちのもとには、とうてい吸収しきれない、大量の情報が押し寄せる。多くの人が全部処理しようとするけど、どんなに頑張っても、結局は挫折して終わることになる。ひとえに、多すぎるから！

私たちは年がら年中、絶えずインターネットや電子社会――どうでもいいものがあふれている世界――につながってる。そして、デフォルトモードに入って（脳がアイドリング状態になって)、いちばん声の大きいものや、いちばん目立つもの、あるいは、いちばん早く見返りが手に入るものに、注意を引かれるがままになってしまってる。フィルターが全くないから、本当に注意を向ける価値のあるものと、単に気を散らされるだけのものとを選別できていないの。

忍耐力も足りなくなってる。私たちは『ファストフード』世代で、どんなに速くなっても十分ということがない。ものごとが自分の希望する時間枠で起きるのを期待してしまい、自然な流れを考えることがほとんどない。最高の状態になるには時間がかかること、それは一瞬で手に入るものじゃないことも、わからなくなってしまってる。

この二〇年間で、世界は劇的に変わった。インターネットと電子メールとソーシャルメディアが、私たちの生活を支配するようになった。私が子どもだった頃はね、アレックス、誰かに連絡を取りたいと思ったら、選択肢は三つしかなかった――直接会いに行くか、固定電話をかけるか、手紙を出すかだったの。

今は、本当にいろんなつながり方があるし、多くがあっという間にできてしまう。昔は、仕事の関係者に伝えたいことがあったら、営業日の九時から五時の間に連絡しようとした。それが今は、二四時間三六五日、いつでも連絡できる環境になってる。電子メールやテキストメールを受け取らない日は一日だってないし、すぐに返信があると期待したり返信したくてたまらなかったりする気持ちを抑えきれなくなってる」

ヴィクトリアの説明が続く。

「仕事とプライベートを隔てていた昔ながらの境界が、すっかりなくなってしまった。さらに悪いことに、こんな状況にあってなお、私たちは押し寄せるものをフィルターにかけることがない。やってくる大量の情報に対して、その流れを断つのでも減らすのでもなく、全部管理しようとするのが、当たり前になっているの。

だけど、洪水のように押し寄せる情報も、速さに対する要求も、度を超してしまって、手に負えなくなり始めてる。私たちは今や、波に呑まれ、途方に暮れている。大切なことを、見過ごすようになっている。私たちには新しいアプローチが必要だわ。今の方法には持続性がない。こんな狂ったようなペースで生き続けるなんて無理——早急に何か手を打たなければならない」

◆デジタルの世界は「取るに足りないもの」であふれている

「私たちは、どうでもいい情報とやりとりがあふれる、デジタル世界で生きている。そして、そんな仮想世界と絶えずつながる悪影響を、今まさに分析し始めている」

ヴィクトリアが信念をもって語り、アレックスはじっと耳を傾ける。

「最近読んだ論文には、こう書いてあったわ。アメリカ人はソーシャルメディアの自分のアカウントを、一日に一七回チェックしてるって。[*1] 起きている間、ほぼ一時間に一回チェックしている計算よ——それ以上ではないかもしれないけど。これって、かなり問題だと思わない？　いったいどれだけの時間と集中力を無駄にしているか、考えてみて」

アレックスはおぼろげに思い出した——ローラとマイケルの目がスマートフォンの画面に釘づけになっているのを、それこそ数え切れないほど目撃してきたことを。外へ行って自然を楽しんだり、本を読んだり、友だちと一緒に遊んだりできたはずの時間のことを。

ヴィクトリアが思い出したのは、アレックスが受け取っている、試合のテキスト・ライブのことだった。

「いや、あれは、フェイスブックで毎日ステータスを更新するのとは違いますよ」。アレックスが胸を張って言う。

「そうね。でもね、アレックス、害があるのはソーシャルメディアだけじゃない。ソーシャルメディアであれ、何かほかのことでインターネットを利用するのであれ、何らかのデバイスといつもつながっていると、何でも即座に行われて当然だと思うようになってしまうの。

さっきも言ったように、私たちは、『今すぐ』が当たり前の時代に生きていて、あらゆるものが即座に難なく手に入るものだと、誰もが思うようになってしまってる——これぞと思ったら、今すぐ手に入れたいわけ。疑問に対する答えであれ、食べたい食べ物であれ、待ち焦がれている恋であれ——当たり前のように、『今すぐ』欲しいと思ってしまうの」

たしかにと言うように、アレックスが頷く。「質問したら即座に答えが手に入る。そうでなかったことは、もうずいぶんありません――少なくとも、あなたに会うまでは！　あなたは、僕を何日も待たせて罠を一つ教え、また何日も待たせて次を一つ教えるんですから」

ヴィクトリアが微笑む。「どんな考え方をするのが当たり前になっているかを、あなたにもっと自覚してほしいだけ。今はインターネットを通してあっという間に情報が手に入るので、私たちは周りにいる人たちにも同じことを期待してしまうようになってる。なぜ、まだ返事をくれないんだろう。いつになったら、もらえるんだ、という具合に。だけど、手に入れることができるからといって、手に入れるべきだということにはならない。

つながったり楽しんだりするための手段はあまりにたくさんあって、しかもそれぞれに、独自の責任やらルールやらがある。気を散らすそうした手段のせいで、私たちの貴重な時間が、『取るに足りない、内容の薄いもの』――時間を浪費させるもの――でいっぱいになる。そして私たちは、本当に大切な、中身の濃いものを、二の次にしたり、完全に忘れ去ったりしてしまう」

アレックスは、片方の手で顎をさすりながら今の話をよく考え、それから言った。

「現代の子どもの生活は、昔とずいぶん違っていて、たしかにおかしくなってしまってますね。

昔の子どもは、友だちと遊び、本を読み、想像力を使い、家の外を探検することによって、楽しい時間を過ごしていました――少なくとも、ボビーと僕が子どもだった頃はそうでした。

ハワイにいる今でさえ――ローラもマイケルもスマホに夢中です。いったい何が原因で、古き良き時代のあの遊び時間がこうも変わってしまったんでしょう」。アレックスが強い口調で尋ねる。

「恐ろしいことよね。私たちの状況は、すっかり変わってしまった。つい先日読んだリポートで、ある医者がこう書いていたわ。ヘロインや覚醒剤中毒者を治療するほうが、ビデオゲーム中毒者やフェイスブックをはじめとするソーシャルメディア中毒者を治療するより簡単であることがわかった、と。[*2] これを聞いたら、あの子たちのスマホを海に投げ捨てたくならない？　ついでに自分のも捨てようって思わないかしら？」

「思いますとも！」とアレックスが頷く。「でも、現実的じゃないですね」

「どうして？」ヴィクトリアが異を唱える。「自分の現実は自分でつくり出せるのよ、アレックス。四六時中つながっていても、画面ばっかり見て、ほとんど中身のないものを延々と使っていても、害があるだけで、何も生み出さないわ。

テクノロジーの専門家として働く親は、理由があって、わが子を、モンテッソーリ教育を取り入れている学校やテクノロジーに頼らない学校に入れる。科学者が画面のことを『コンピュータ・コカイン』と呼ばないのには、何の理由もないけど。とても深刻な問題が、知らぬ間に、現代社会に広がってる。集中力や生産性が、じわじわと影響を受けているのよ」

「どれもこれも、知らなかったことばかりです。わが家の子どもたちが、スマホから完全に離れられたらいいんですが」。アレックスがため息をつく。

「アレックス、離れたほうがいいのは、あの子たちだけじゃない。もっと近くに目を向けてみたらどう?

あなたと一緒に過ごしたのはそう長い時間じゃないけど、その間でさえ、あなたはしょっちゅう、無意識に、スマホに手を伸ばしてた。指が勝手に動いて、よく使うアプリを立ち上げる感じだった」

静かな口調だった。「まずは、あなたから、スマホの使用を控えたらどうかしら」

アレックスは反論しようとしたが、その余地がないことに気がついた。この一週間で、スマートフォンの魅力はたしかに薄れた。だが、家に帰ったとたん、誘惑に逆らいがたくなるのは目に見えていた。よく考えて、何か新しい習慣を生み出し、使い方をコントロールする必要があるだろう。スマホの画面につい引き寄せられてしまうから、などという理由で、人生が用意してくれる最高のチャンスを逃したくはなかった。

◆最高のものを得るには、時間がかかる

「この世では、価値あるどんなものも、得るまでに時間がかかるし、心を傾けて努力を重ねる必要があるわ」

ヴィクトリアが話を続ける。そして、焦点《フォーカス》の罠に陥ってしまう三つめの理由へ移った。

「アレックス、苦労の末に手に入れたものの中でとくに誇りに思うものを、これから五分かけて考えて、リストにしてみて」

「わかりました」

課題に向き合うアレックスの心に、三つのものが浮かんだ。いずれも、少なくとも今までの人生で手にしたものの中で、最高と思うものだった。彼は赤いノートをひらき、書き並べた。

家族――キム、ローラ、マイケル
営業のプロとしての実績
神との関係

「じゃあ今度は、この三つをよく見て。ここに書かなかったものより、この三つのほうが重要だと思うのは、どんな特徴があるからかしら。三つに共通する特徴が何かある？」と、ヴィクトリアが尋ねた。

「面白い質問ですね。ええ、誰かとのつながりには──相手が神であれ、家族であれ、仕事仲間であれ──、共通する特徴があります。つながりは、ほかのどんなものより大切に思えるんです」とアレックスは答えた。

「みごとなまとめ方ね」。ヴィクトリアがにっこり微笑む。「じゃあ、あるつながりがとくに大切だと判断するための、重要な基準は何かしら」

少し考えたのちに、アレックスは答えた。

「持ちつ持たれつの健全なバランスを保てているか、チームとして協力し合えているか、そして、ともに過ごす時間が、質が高いだけでなく長さも十分か、ですね」

「一週間ハワイにいる間に、あなた、いきなり天才になったわね」。ヴィクトリアがからかった。「あなたの言うとおりだと思うわ。その三つの基準はどれもすごく重要だし、つながりの優先順位のつけ方として、私も同意見。あるつながりに時間をかければかけるほど、人はそのつながりを大切に思うようになるの」

ありがちなアプローチ

「既存の現実に対処しないというのが、焦点《フォーカス》の罠に対するありがちなアプローチ。私たちが、情報過多で、スケジュールが過密で、取るに足りないものだらけの世界で生きているのは、ゆるぎない事実なのに。そういうアプローチでは、押し寄せる情報に対して、疑問に思うことも、フィルターにかけることもないの。

それどころか、すべての情報を管理しようとする。あらゆるものに『イエス』と言い、どんなものにも決して『ノー』と言わない。できないことなどない、手に入らないものもない、とも主張する。どこかで折り合う必要があるのに、それもない。空中に投げるジャグリング・ボールの数に制限を設けず、あまつさえ、ボールを操る腕を上げさえすればいい、とのたまうわけ」

ヴィクトリアの話が続く。

「言うまでもなく、そんな今のやり方はうまくいってない。八方美人になろうとして結局、健康と人間関係を損なってしまってる。集中することも、全然できない。自分の最も大切なことにも取り組めない。目的に基づいて人生を築くのではなく、どうでもいいものに振りまわされるだけになってしまっているの。

私たちが次から次へと試す方法は、押し寄せるあらゆる情報と複雑さを支配・管理しやすくなりますよ、と約束する。でも、もうすでに手に負えない状況になっているので、現在の方法はその場しのぎにすぎない。あれもできる、これもできると約束するものの、その方法では、私たちがいちばん大切にしていることを実行できないの」

啓示的《エピファニー》ブレイクスルー

「啓示的《エピファニー》ブレイクスルーは、ありがちな、今の方法とは根本的にちがう」

ヴィクトリアが話を続ける。

「押し寄せてくるものを何でもかんでも管理しようとするのではなく、まず、どうでもいいものを取り除く。すると、いちばん大切な目的に時間をかけられるようになる。私たちは、重要な目的について先々を見越した行動をとり、しつこく押し寄せるどうでもいいものをはねつけ、全部をやるのは無理だと受け容れる必要があるの。

生活の中にあるどうでもいいものを、切り離せるようにならないとだめ。それには、大変な鍛錬が必要だわ。そういうものはしばしば、つかの間楽しい気分にしたり、誤った達成感を与えたりするから。

私たちは、自分の習慣を注意深く検討して、そういう気を散らすものに際限なく夢中になるのを、確実にやめなければならない……無視すれば、それですむ話じゃない――ちゃんと意識して、切り離さなければならない。そうしなければ、重要ではないものにどこまでも追いかけられ、それらが日課の一部として勝手に現れるようになってしまうの」

「例を挙げてもらえませんか」。アレックスが乞う。

「いいわよ。この間、電子メールボックスが、いろんな企業からの広告や案内でいっぱいになっていたの。スパムのことじゃない。それはフィルターにかけてブロックしているから。メールボックスにあふれていたのは、私がよく行くレストランや、ひいきにしている店や、利用する航空会社やホテルからのメールだった。

今どき、そんなのはふつうのことかもしれない。でも、いろんな会社から一日に一五～二〇通も受け取っていたの。私は、そういう広告を切り離す必要があると思ったから、広告メールのすべての配信元から一件一件手続きして、配信を停止した。解放されて、心底さっぱりしたわよ、アレックス。一週間後に受信トレイをひらいてみたけど、私の注意を引こうと待ち構えている広告メールは、一通もなかった。がらくたの山をなくすのは、本当に爽快だったわ。家の中を大掃除したときか、ガレージの中の要らないものをすっかり片づけたときみたいな気分だった」。ヴィクトリアはそう説明した。

「なるほど。家に帰ったら、やってみます」とアレックスは言った。

「そのつもりでも、計画から注意をそらすものが必ず、山のように出てくるはずよ。そして、きっと気づくことになる――毎日あるいは毎週の『するべきこと』のリストをつくるのは大切だけど、それと同じくらい、『すべきでないこと』のリストをつくることが大切だ、と」

「『すべきでないこと』のリスト?」面食らって、アレックスが聞き返した。

「そう。してはいけないこと――『必ずしも重要ではないことのリスト』と呼ぶといいわ。そして、最重要のことに取りかかるのを妨げるもの、一日中、あなたの気を散らし、邪魔するものを、見きわめてちょうだい。

アレックス、人生で大切なのは、目的を意識することよ。つまり、いちばん重要なものへ向かって進むこと、それと同時に、針路をそらされるのを放っておかないこと。私たちは、気を散らすものを、できるだけ早く、根を張ってしまうより前に、摘み取らなければならない。毎週、白紙の状態に戻って、最重要のことを効果的にスケジュール帳に加えること、それと同時に、私たちの気を散らそうとするどうでもいいもの、重要ではないことを、きっぱり無視して切り離すことが必要なの。もちろん、言うは易く行うは難し、だけどね」

そうでしょうねと、アレックスがため息をつく。

「『ノー』と言えるようになることは、私たちの社会の文化的規範や期待に反してる。ノーとは決して言わないものだという、社会的な不文律もあるわね。実際、『イエス』と返事すれば、とりあえず褒められる。でも、そんなことをすると、のめり込みすぎて圧倒されてしまい、必ず悪い影響を受ける。そして結局、イエスの返事を褒めてくれた人たちをがっかりさせることになる。

ものごとのうち、重要なのは一〇パーセント、あとの九〇パーセントは重要じゃない。この状況を踏まえて、人生と仕事を考えると、自分がどれほど多くの些末なものに埋もれているかがわかってくる。気になって仕方なくて、膨大な時間を割いているものごとの大半が、実はぜんぜん重要じゃないの。

でも、これを認めると、私たちには選択肢があるという、私たちを自由にする考え方ができるようになる。日常のあれこれを、渡されるがまま受け取る必要なんてないのよ。スティーブ・ジョブズのこの言葉が、私は好きだわ——『本当に重要なことに集中するには、ノーと言うほかない』[*3]」

アレックスは、重要な点を全部書きとめたかどうか、赤いノートをひらいて確認した。

Trap3 —— 焦点《フォーカス》の罠

▼この罠にかかってしまう理由

1 押し寄せてくるものが多すぎる。それなのに、エネルギーや時間や注意を傾ける価値の、あるものとないものを選別していない。

2 私たちは四六時中、インターネットや電子社会につながっている。だが、そうした

3

世界にあるものは大半が、取るに足りないものである。私たちは、忍耐力が足りなくなっており、ものごとが自分の希望する時間枠で起きるのを――遅くとも、ただちに起きるのを――期待している。この上なく素晴らしいものを得るには時間がかかること、一瞬では手に入らないのだということを、私たちは認識できていない、あるいは忘れてしまっている。

▼ありがちなアプローチ

ジャグリング・ボールをもっと上手に操れるようになれば、押し寄せてくるものをすべて管理できるようになる、と考える。投げるボールの数を減らすのではなく、むしろ、スキルを伸ばして、あらゆるボール（つまり、生活にあふれる、ありとあらゆるもの）を操れるようになるべきだと主張する。

▼啓示的《エピファニー》ブレイクスルー

全部をやるのは無理だとはっきり自覚すると、啓示的《エピファニー》ブレイクスルーが起きる。必要なのは、重要でないものを選別し、どうでもいいものを切り離すこと。また、自分が最も価値を置くものに「イエス」と答えられるよう、もっと頻繁に「ノー」と言えるようになる必要もある。

アレックスは、教わった考えが頭の中でしっかりまとまり始めているのを感じた。むろん、確実にできるようになるまでに、時間と鍛錬が必要であることは承知している。

アレックスの物思いを、ヴィクトリアの声が断ち切った。

「アレックス、私、今とても感動しているの。人生を上向かせるために自分を根底から変えようとして、あなたがこんなにも前向きに取り組んでくれるなんて。私は、答えを全部持ってるわけじゃない。ただ、あなたよりほんの少し先を歩いているだけ。私自身が昔はまってしまった落とし穴に、あなたにはまってほしくないと思って、経験から話をしているの」

少し間を置き、次の言葉を探す。

「私の話のほとんどを、あなたは初めて耳にしているはず。つべこべ言わずに信じなさいなんて、そんな気持ちはないの。ただ、試してみて。実際にやってみてちょうだい。そして、その経験を通して、私の話を心からなるほどと思えるかどうか、確かめてみて」

ヴィクトリアの思いを感じて、アレックスが頷く。

「今夜のフライトの無事を祈っているわ。これからも連絡を取り合いましょう。あなたが、ここで話し合った三つの罠を抜け出して、どんなふうに進歩しているか、詳しく聞きたいの。

そして、忘れないでね。励ましが必要なときは、いつでも電話してちょうだい。すぐに出ないときは、ヨガに行っているか、ビーチにいるか、でなければ、あなたが大好きになりかけているあの最高に美味しいスムージーをつくっている最中だから」

アレックスは片方の眉を上げたが、思い浮かんだ皮肉を言うのはやめにした。

「心配はいらないわ、あとでかけ直すから」とヴィクトリアは微笑んだ。「それとね、実はこの夏、ロサンゼルスでちょっとした集まりがあるの。もしかしたら、そのときに、あなたの進歩を一緒に確かめられるかもしれない」

「ヴィクトリア、ぜひあなたと連絡を取り続けたいです。一緒に過ごした時間は、まさしく神の導きで、この休暇が、思っていたのと全く違うものになりました。考えるべきことが山ほどありますし、重要な決断もいくつかしなければなりません」とアレックスは言った。

「辛抱強く取り組まないとだめよ、アレックス。こういう変化が習慣になるまでには、時間がかかるものだと肝に銘じてね。とにかく、あなたを助けるためなら、どこからでも馳せ参じるから」。ヴィクトリアがアレックスを安心させる。

「ありがとうございます。ロブによろしく伝えてください――今度あなたに会うときは、ロブにも会えるといいんですが」。アレックスが言う。

「伝えておくわね。ローラとマイケルによろしく。キムに会ったら、彼女にも」。ヴィクトリアが言った。

「さよなら、ヴィクトリア」

「幸運を祈ってる、アレックス！　きっと遠からず、公認トラポロジストになれるわ」

ヴィクトリアは微笑み、ビーチを去ってゆくアレックスの背に向かって手を振った。

アレックスが一二時頃ホテルに戻ったとき、部屋に子どもたちの姿はなかった。フライトは夜一〇時なので、レイト・チェックアウトをリクエストしておいたし、子どもたちはてっきり部屋でくつろいでいるものとアレックスは思っていた。

たぶん、お気に入りのあの場所に行ってるんだな。アレックスはそう予想した。ビーチをずっと先へ行った、岩の防波堤に近いところだ。この休暇中、マイケルはそこで小さなカニを捕まえようとして長い時間を過ごしてきた。だがカニは、信じられないほどすばしっこく、さっと溶岩の割れ目に逃げ込んでしまう。岩礁に隠れているウミガメを、ローラと二人で、幸運にも見つけたこともあった。アレックスがビーチを歩いていくと、案の定、二人はそこにいた。

「やあ、二人とも！　波はどうだ？」アレックスが大声で尋ねる。

「この一週間で最高だよ！」マイケルが答える。

「パパ、この波に乗るから、見てて！」ローラが大きな声で言う。そして、完璧なタイミングで次の波に乗り、その波と一体となって陸のほうへ進んできた。

「わお、すごいじゃないか！　たいしたもんだ、ローラ」

「パパのほうは？　ヴィクトリアさんとの話はどうだったの？」砂浜に上がり、立ち上がりながら、ローラが尋ねた。

「素晴らしかったよ、いつものように」。アレックスが微笑む。

「三つめの罠について話してもらえたってこと？」ローラが尋ねる。

「しっかり教えてもらったよ。『取るに足りないものにとらわれて身動きがとれなくなってしまうこと』だ」とアレックスは答えた。

「あら、パパは……口にしたことが災いして、身動きがとれなくなってるんじゃないの？」ローラが尋ねる。

「そういうことを言わないくらいの分別はないのかな」。アレックスが言い、三人で海の少し深いほうへ歩いていく。

「ってことは、自覚してるのね」

「してるよ」とアレックス。

「その罠について、パパは何かしようと思ってるの？」ローラが尋ねる。

「いろんなことをするつもりだ」

そう答えて、アレックスは砂浜のほうを振り返った。

「そのことは、夕食のときに話そう。今は、二人に知ってもらいたいな――パパがまだボディサーフィンができるんだってことを」

そのとき突然、背後から波が来て、アレックスをさらい、砂の上にひっくり返した。アレックスが、水の中から起き上がり、つばを吐き出す。

「パパ、大丈夫？　かっこいいとこ見せようとするからだよ。できないなんて思ってないから、ぼくたちの保護者として、その辺でぶらぶらしてて」。マイケルが笑って言った。

「少しすれば大丈夫だ」。そう言ったものの、くらくらして、アレックスは砂の上にへたり込んでしまった。「海は人間に全然優しくないな」

マイケルとローラが笑って、次の波をつかまえるために、海の中へ戻っていった。アレックスは、いいところを見せる必要などないのだと悟り、もう大丈夫だと思えるまで、波打ち際に横になった。

あたたかな砂の上にゆったりと横たわり、打ちつける波の音に耳をすますのは、とても心地よかった。ハワイに着いた日のことが思い起こされる。波の音に、疲れ果てた心がどんなに癒やされただろう。なんだか、もう遠い昔のことのような気がする。ここで過ごした日々は毎日が、目から鱗《うろこ》が落ちるような発見の連続だった。ロサンゼルスに帰り、忙しい日常に戻ったら、すべて夢の世界の出来事だったように思えてしまうのだろうか。いったいどうすれば、眼前に見えてきたこの新しい軌道をしっかり進んでいけるのだろう。

その晩、シュリンプ・フードトラックで、真っ先に話し始めたのはマイケルだった。

「二人とも、気がついてる？　水曜からの食事代と雑費が、まだ四〇〇ドルになってないってこと。クレジットカードの支払いの追加分を、五〇〇〇ドルから四五〇〇ドルに減らす目標を、達成できそうなんだ」。マイケルの笑顔がはじける。

「まさかこの台詞を言うとは自分でもびっくりだけど。たいしたもんね、マイケル」。ローラが率直に認めて言った。

「みんなが頑張ったからできたことだし、家に帰ったら、借金ヘビを五〇〇ドル分切るの手伝ってくれるよね」

「任せといて！」ローラが答えた。

アレックスのスマートフォンが振動し、新着メールを知らせる。無意識に取り出したが、アレックスは、メールではなく、設定画面をひらき、すべての通知をオフにした。今は、パラダイスでの最後の夜を、子どもたちと楽しんでいる。それ以外のことは、また今度でいいのだ。

第3部

Trap4 ― Trap6

TRAP TALES

OUTSMARTING THE 7 HIDDEN OBSTACLES TO SUCCESS

現実に戻る

帰宅すると、マイケルとローラはスーツケースのファスナーをあけ、二人でつくった紙の借金返済お助けヘビを、注意深く取り出して広げた。それから、ヘビの頭と尻尾をそれぞれが手に持ち、力を合わせてキッチンへ運び、得意げに壁に貼って、みんなが見られるようにした。

アレックスは、ハワイで決心したことをきっとやり抜こうと、あらためて誓っていた。休暇中には、本当に多くを学ぶことができたし、自分を縛っていたものからの解放感を味わうこともできた。

だが、家に帰り、ふだんの生活のペースに戻った今、決意したことをやり抜くのは――とりわけ借金に関しては――、至難の業だという気がしてならなかった。それでも彼は、借金返済に的を絞り、全力を挙げようと思っていた。マイケルはとても頑張ってくれていたが、ローラも思いがけず協力的であることに、目を見はらずにいられない。アレックスとしては、ひとえに子どもたちのためだとしても、借金返済というこのゲームを戦い抜かなければならなかった。

数日後、アレックスは、自宅の書斎で物思いにふけっていた。これからの日々と、浪費が過ぎて落ちてしまった落とし穴から抜け出すのに必要な苦労を、たまらなく不安に思いながら、彼は机にひじをつき、組んだ手の上に顎を乗せた。

ドアをそっとノックする音がして、マイケルが顔をのぞかせた。

「パパ」と言いながら、アレックスが目を上げるのを確認する。「ちょっといい？」

アレックスがにっこりする。「もちろん！　どうした？　入っておいで」

マイケルは、微笑みを返し、アレックスの机の前にある椅子に腰を下ろした。

「仕事をしてる人にいろいろ話を聞いてみて、で、パパに提案があるんだけど」

「何だろう」。関心を引かれて、アレックスが尋ねる。

「パパはクレジットカードの支払いで、二〇～三〇パーセントの金利手数料を払ってるんじゃない？」

アレックスの顔から笑みが消えた。「そうだけど、それで？」

声が険しくなる。マイケルが次の言葉を呑み込むのを見て、アレックスは調子をやわらげた。「ごめん、ちょっといやなことを思い出して。それで、提案というのは？」

「今朝、食事してるとき、紙のヘビから目が離せなかった」とマイケルは話し始めた。「ママに言われて、ぼく、稼いだお金を貯めてきた……芝刈りのお駄賃とか、インターネット・オークションの売上とか、誕生日にもらったお祝いとか……」。どうも話にとりとめがない。

「うん、知ってるけど……？」アレックスが首を傾げる。

「とにかく」。気を取り直して、マイケルが言った。「あのヘビをやっつけるのに、ぼく、役に立てると思うんだ」

アレックスが、両手を固く組み合わせ、身を前へ傾けて、マイケルをじっと見つめる。

マイケルが下を向いたまま、先を続けた。「今、貯金が一万八〇〇〇ドルあるんだけど、利息は月に二ドルか三ドルしかつかないんだ。だから、そのお金をパパに貸そうかと思うんだけど」

アレックスは心底、驚いた。夢でも見ているのだろうか。一四歳の子どもが、借金返済のために、父親に金を貸そうとしているとは。これはキムが仕掛けたいたずらなんじゃないだろうか。

「マイケル、本気で言ってるのか？」

アレックスの問いに、マイケルが大きく頷く。

「気前がいいんだな。それだけあれば、支払残高の三分の一を返済できる」

アレックスはしばし考えた。「ただし、パパがおまえに、いくらか利子を支払うことが条件だ。そこのところはいいかい？」

「もちろん」。マイケルが落ち着いた調子で答えて、満面に笑みを浮かべようとする。

「よりにもよって、おまえとこんな話をするなんて……でも、その申し出、喜んで受けるよ」

アレックスがマイケルに向かってにこやかに笑い、マイケルは、ほっと息を吐き出して、父親に笑みを返した。

「借用書を書くね！」

そう言うと、マイケルは書斎を飛び出していった。

あとに残ったアレックスは、思わず笑い出した——まさかこんな夢みたいな展開になろうとは。三〇分後、金利の欄が空いたままの借用書を持って、マイケルが戻ってきた。アレックスは、ざっと目を通すと、適切だと思う金利を記入した。カード会社に課されていた二〇パーセント台ではなく、年に八パーセントだけ支払うつもりだ。マイケルは、返済期限を一八カ月としていた。その間は、利息が収入になることに、マイケルはわくわくした。

アレックスが、机の引き出しから黒いペンを取り出し、マイケルに渡す。マイケルは、堂々とした字でサインをして、ペンを父親に返した。アレックスは、とても誇らしい気持ちだった——息子の、なんと賢く頼りになることだろう。この一万八〇〇〇ドルがあれば、五枚のクレジットカードのうち二枚――繰り越し残高が、一枚は一万ドル、もう一枚は八〇〇〇ドル――を清算できるのだ。

明くる日、アレックスは、マイケルが銀行で振り込みをするのに付き添った。そして、自分の口座に振り込まれるとすぐに、クレジットカード会社二社に電話をかけて、未払い分を完済した。

次は、二枚のカードにはさみを入れる儀式の時間だ。マイケルとローラは、自分たちがやると言ってきかなかった。それから三人で、カードの欠片を集め、誇らかに、キッチンのゴミ箱に捨てた。これで、二枚のカードからの束縛がなくなった。

アレックスは、すべてが上向きになってきているように感じた。驚くほど心が軽く、自由な気分だ。そのとき、自分でもびっくりするような考えが浮かんだ――「買ったばかりのあの車を、下取りに出したらどうだろう」。価値が下がるので、頭金の分を取り戻すこともおそらく難しいだろう。だが、車のローンについては月々の返済がなくなる。残高がなくなれば、抱えている借金の総額が減る。

だが彼はその考えを、とんでもないとばかりに却下し、首を振った。ばかばかしい。車を手放すなど、できるわけがない。そしてこう思った。「かっこいい車に乗ってこその自分だ」、と。それに、チャズに何と言われてしまうだろう。

アレックスには、成功している、羽振りのいい姿を見せるために、あのオープンカーが必要だった。あれがなかったら、職場の同僚にどんな目で見られてしまうか、わかったものではない。車をとめる場所を毎日変えなければならなくもなる――チャズの視界に入らないようにするために。そんなのは、まっぴらだ。彼は、ああいう車に乗るにふさわしい人間だった。それ相応の苦労を重ねて今の地位を得たのだし、あれは受け取って然るべき報酬なのだ。罪悪感を覚える必要などない。節約する方法なら、ほかにあった。

一方、キムはようやく、サンフランシスコでの新しい仕事に慣れ、週末ごとに、あるいは少なくとも月に二度は、ロサンゼルスに帰ってくることにした。ただし、帰ってきても、両親の家に泊めてもらうつもりだった。

そして、こういう取り決めをした。金曜の夜、ロサンゼルスに着いたら、キムがアレックスにメールをする。アレックスは子どもたちを車で送り届け、日曜の晩まで預ける――。子どもたちは母親がいないのを寂しく思っていた。週末の間、母親と一緒に過ごせるようになるのを、心待ちにしていた。

初めてキムが帰ってきたとき、アレックスは、洗車したばかりの、つやつやと輝く黒いオープンカーに乗って、義父母の家に乗りつけた。車が近づいてくるのを、キムは眉一つ動かさずに見ている。ローラとマイケルが車から滑るように降り、アレックスはキムに手を振る。だが、キムが手を振って応えることはなかった。オープンカーに誇らしげに乗るアレックスを見るのが、キムには我慢がならなかった。その車に関するあらゆることに、彼女は嫌悪を覚えていた。

走り寄ってきた子どもたちを、キムが抱きしめる。

「ローラ、マイケル！　早く話を聞きたいわ。ハワイ旅行がどうだったか、詳しく話してちょうだい！」

三人は通りに背を向けた。そして、腕を組んで、家の中へと歩いていった。


キムにとっては状況はいまだ上向いているとは言いがたかったが、アレックスは驚くほど晴れやかな気分で仕事を再開した。ふだんの生活が始まったら、自分はこれまでのパターンに逆戻りしてしまうのではないかと、ずっと思っていた。ただ、たとえ困難でも、絶対に罠から抜け出す覚悟だった。そのため、彼はその疑念を頭から追い払った。

仕事には毎日、弁当を持っていくようになった。時間の浪費でしかない習慣をいくつかやめることに成功し、出費を減らしていけそうだと自信もつき始めていた。

だが、オフィスがチャズと隣同士であることが、大問題だった。チャズは、「ちょっと聞きたいことがあるんだが」と言ってやってくる。しかしアレックスはいつの間にか、「チャズが問題を解決するのを延々二時間も手伝わされて」しまうのだ。

アレックスが、クライアントの提案書に取りかかろうとしたちょうどそのとき、チャズの巻き毛が視界に飛び込んできた。

「調子はどうだ。あの車はゴキゲンか？」

「絶好調だ」。アレックスがにやっと笑う。「おまえのより速いなんてのは、あの車のすごさの一つでしかない」

「それはまだわからないぞ。ところで、どうだ――これから外へ食べに行かないか。新しくできた寿司屋が、なかなかの評判なんだ。ここから車でほんの一〇分のところだ」。笑みを浮かべて、チャズが誘う。

「そうだな……すごく惹かれるけど、食べるものなら持ってきてるんだ。出費を少し減らそうと思ってさ」とアレックスは答えた。

「よこしてみろ。奥さんがどんな残り物を持たせたか、見てやる」

チャズが笑って、ゆったりとアレックスの机のほうへやってくる。アレックスはしぶしぶ渡し、チャズが中身をチェックする。

「まるで犬のエサだな。来いよ、本物の食事をしに行こう。そんなけちくさい残り物を食べなかったからといって、奥さんは何とも思いやしないさ」

「これは自分で詰めてきたんだよ。キムとは数週間前から別居してる」。アレックスが力なく言う。

「冗談だろ！　ま、悩むことはないさ。次の相手を見つければいいだけのことだ」

チャズの無神経さに、アレックスは眉をひそめた。

「僕たちは結婚して二〇年になるんだ、チャズ。取っかえ引っかえのおまえとは、わけが違う」

「ああ、そうかい、そいつはよかったな」。アレックスの言葉など聞こえもしなかったかのような態度だ。「で、どうだ？　行こうぜ」

アレックスが、昼食用にと思って持ってきた茶色の紙袋をちらりと見る。なんだか、とても情けない感じがした。

「わかった。ただ、二時前には戻るぞ」。アレックスが釘を刺す。

「任せとけ。あっという間に帰ってくるさ」。チャズが胸を張る。「そのためにも、俺にあの車を運転させてくれよな。寿司屋の場所を知ってるのは俺だし」

「壊したら、買い取ってもらうからな」

「わかったわかった──気をつけるさ、一応。ここ半年は事故ってないしな」。そう言って、チャズは片目をつぶった。

寿司屋で、チャズはいちばん高いものを三品注文し、合計は六〇ドル近くになった。一方、アレックスは、カリフォルニア・ロール一つと味噌汁を美味しく食べた。金の使い方を変えたアレックスには、チャズの途方もない浪費ぶりが目につく。このときに関して言えば、チャズは奢《おご》る気だったらしい──ウェイターに、勘定書を持ってくるように言っていた。

勘定書が来ると、チャズはひったくるようにそれを手に取った。

「ここは俺が持つから」

そして、あっちのポケット、こっちのポケットと探り始めた。立ち上がって、上着のポケットも、大仰な動作で探る。だが、その甲斐はなかった。

「くそっ、財布を忘れてきたらしい。まさか、またやってしまうとは。悪いが、今日は支払っておいてもらえないか」

アレックスは頷いて、財布からクレジットカードを引き出した。このパターンは、今回が初めてではない。

「サンキュー！　次は俺が払うから」

そう言うなり、チャズがスマートフォンに目を落とすのを見て、アレックスはあきれ顔でため息をつく。「次回は払うから」というのは、チャズの常套句だった。都合のいい、決して絶対に実行されないだろう、おきまりの台詞だ。昼食代は、チップを含めて八二ドル四五セントにもなった。アレックスは頭にきたが、何も言わなかった。

アレックスの運転で会社に戻ったとき、チャズが、新しく買った数本のゴルフクラブを、スマートフォンに表示した。

「見てくれよ――四〇ヤードは延ばせるぞ」

自慢げに言って、スマートフォンをアレックスの顔の前に突き出す。

「とてもついていけないよ、チャズ」

アレックスは車をとめ、滑るように降りた。

「大急ぎでミーティングに行かないと」とぼやく。「二時五分じゃないか！　間に合うように戻るぞと言ったのに」

顔をしかめて、アレックスは社屋の中へ駆け込む――こうなることはわかりきっていたのに、みすみすチャズのペースに巻き込まれてしまったとイラつきながら。

アレックスは――彼としてはそれが最善だと思っているのだが――、頼み事をしてくる人たちに、なかなか「ノー」と言えなかった。チャズや上司に、彼らにとっての重大問題に関して、午前中いっぱい、あるいは一日の大半を奪われてしまうことは、決して珍しくなかった。だが、アレックスが正真正銘の大問題を抱えたとき、チャズも上司も、等価のものを返してくれなかった。そのことに気づいてアレックスは不快に思ったが、今のところ、二人に指摘する勇気を持てずにいた。

ハワイでヴィクトリアと一緒だったとき、アレックスは、何でもできるような気がしていた――借金を返済することも、キムとの関係を修復することも、一生をかけてする仕事をあらためて得ることも。だが、いざ家に帰り、全部を実行に移すとなると、そう簡単にはできなかった。

ときには、昔の習慣に戻ってしまうこともあった。たとえば、仕事帰りにスポーツ用品のアウトレット店に立ち寄ったときには、ランニング用のシューズとウェアとジャケットに、六〇〇ドル近く使ってしまった。けれども、車のトランクをあけて商品の入ったバッグを取り出したとき、借金返済の計画をないがしろにしてしまっていることに、とてつもない後ろめたさを覚えた。

二日後、すべて返品することにしたが、レシートが見当たらない。店に電話をかけ、特別に認めてもらえないかと尋ねたが、返品のルールが曲げられることはなかった。レシートのない返品は、決して受け付けてもらえなかった。

昔の習慣に戻ってしまったときには、アレックスは、自分の行動を正当化しようとした。「実際問題として、そんなに何もかもいっぺんに変えられるわけがない」と。チャズとのゴルフを断るのは難しい。洒落たレストランで食事をするのもやめられないし、庭仕事はやはり人を雇ってやってもらいたいと思う。ハワイにいたときにはずいぶん意気込んでいたが、その気持ちは、萎えてしまっただけでなく、急速に昔に逆戻りしていくかのように思われた。

仕事を終えて帰宅したアレックスは、クレジットカードの請求書に丹念に目を通した。ハワイから戻って始めた、新しい日課だ。全体としては、一家の支出は減っていたが、思わず声をあげたくなるような買い物もまだあった。その大半は、ローラの買い物だった。アマゾンでの二九〇ドル六三セントを手はじめとして、デパートなどで四八〇ドル三九セント。みんなで決めたことを、ローラはすっかり忘れてしまったのだろうか。

アレックスの脳裏にふと、ローラが小さかった頃の思い出がよみがえった。

「パパ、パパ、ねえ、パパってば」。幼いローラが、アレックスの手を引っぱる。

「なんだい、お姫様」。答えながら、アレックスは娘の金色の髪にキスをする。

「ほら、これ！」ローラが、アレックスによく見えるように、テーブルの上に人形のカタログを広げる。「これが欲しいの」

「オーケー、夕食が終わったら注文しよう」と彼は答える。

「アレックス」。キムが、厳しい声で会話をさえぎった。「それについては話し合ったわよね。決めたはずよ――人形はもう買わないって」

「キム、いいじゃないか……」。アレックスが反論する。

「ローラはもう一四体も持ってるわ。ほかの子より少ないわけじゃないし、わが家にこれ以上買う余裕がどこにあるのよ」。イライラした調子で、キムが言った。

「でも、欲しいんだもん」。ローラがせがむ。「ママ、この子、あたしにそっくりなのよ！」

キムは答えず、アレックスをじっと見つめる。だがそれでも、アレックスはこう言った。

「オーケー、お姫様。夕食が終わったら、また話そう」

「この帽子も、この服も、このバッグも欲しいわ」。ローラが指差す。「これで、あたしたち、同じになるわ。この子、きっとあたしとそっくりになるもの！」その様子を思い浮かべて、ローラは顔を輝かせた。

アレックスが娘の頬にキスをする。

「オーケー、じゃあ、ママを手伝って、食事にしようか」

「パパ、パパ、ねえ、パパってば！」

ローラの声に、アレックスは現実に引き戻された。

「どうしたのよ？　七回くらい呼んでるのに、ぼーっとしちゃって」

「ごめん。どうかしたのか」

「パパの車の鍵と、お金を少しくれない？　友だちと出かけるの」

「友だちって？」

「今は急いでるから、帰ったら話すわ。パパの財布はどこ？」

ローラが、指をパチンと鳴らしながら、父親の返事を待つ。

アレックスは顔をしかめた。「こら、パパに向かって指を鳴らすのはやめなさい。財布は、キッチンのカウンターだ」

「ああ、あった」

ローラは、一〇〇ドルと、アレックスのクレジットカードを一枚、引き抜いた。

「使えるカードだといいんだけど」。つぶやくように言いながら、そのカードを自分の財布に入れる。

「ありがとう、パパ！　夕食は要らないわ。それと、起きて待っててくれなくていいから」

大声でそう言うと、ローラは跳ねるようにドアを抜け、ガレージへ駆けていく。

「待ちなさい」。あとを追い、ガレージへ続くドアをあけながら、アレックスが言う。「一二時前には帰ってくるんだぞ」

「考えとく」と答えて、ローラは車のドアをバタンと閉めた。

「安全運転で！　パパの車に傷をつけるんじゃないぞ！」アレックスは大声で言ったが、ローラはすでに出発してしまっていた。

アレックスは、苛立ちと無力感に襲われながら、少しの間そこに立っていた。ローラは、借金ヘビに関心を示し、協力的な様子を見せていた――なのになぜ、今はアレックスの言葉が届かないのだろう。借金ヘビの影響が及ぶようになるとすぐに、ローラは関心をなくしてしまった。アレックスが金の使い方についてやかましく言い始めたとたん、反抗するようになったのだ。

父親が突然、暮らし方を改めたからといって、ローラは自分の生活スタイルを変えるつもりはなかった。相変わらず、とんでもない時間まで夜更かしし、学校を休み、湯水のように金を使う。アレックスがいちばん気をもんでいるのは、ニューヨークの大学へ行くという大きな目標を掲げているにもかかわらず、ＳＡＴ（大学進学適性試験）やＡＰコースの勉強のために、ローラがまだ本をひらきさえしていないことだった。ローラは、友だちと遊びに出かけることにばかり、時間を割き、すっかり夢中になっているようなのだ。

どのように相手を促せば、変わろうという気になってもらえるのだろう。

その点についての皮肉を思って、アレックスはかぶりを振った。妻は、結婚してからほぼずっと、アレックスに変わってもらおうとしてきたが、ほとんど成果はなかった。アレックスは今、娘に対して同じことをしようとして、やはり徒労に終わっている。

ひょっとして、ヴィクトリアなら、何かいい知恵を持っているかもしれない。そう思ったアレックスは、ヴィクトリアに電話をかけることにした。

Trap4
――変化の罠

「はい、はい、もしもし……あら、見習いトラポロジストさんじゃないの。ロサンゼルスの競争社会は、いかが？」

かすかな皮肉を含んだヴィクトリアの声に、アレックスは苦笑するほかない。

「お察しのとおり、相変わらずですよ。あなたのほうはいかがです？　相変わらず、緑色のひげを生やしてるんですか」

「決まってるじゃない！」涼しい顔で、ヴィクトリアが答えた。

アレックスは、ヴィクトリアと最後に会ってからの自分の変化について、少なくとも、よい結果を出せていることについて、手短に話した。今は何はさておき、ローラの状況について、ヴィクトリアの考えを聞きたかった。

「変わりたくないと思っている人に変わってもらうには、どうすればいいですか」。単刀直入に、アレックスは尋ねる。

「それは無理な相談ね、アレックス。話はそれでおしまい」

「身もふたもないですね、ヴィクトリア。参考にもならない」

「そうねえ、もう少し言ってあげられることがあるかもしれない。二週間後に、ロサンゼルスで集まりがあるの。私が泊まるホテルで、夕食を一緒にどうかしら。ルームサービスを頼んで、部屋のバルコニーで話しましょう。ハワイほど素敵じゃないけど、悪くもないんじゃない？　ご馳走するわ。どうかしら」

「それはもう喜んで！」勢い込んで、アレックスは返事をした。

「じゃあ、そのときを楽しみにしてるわね。着いたらメールを送るから、あなたの都合のいい晩に会いましょう。ロスには三日間いる予定よ」


それからの二週間はまたたく間に過ぎて、約束の日になり、アレックスはホテルの部屋でヴィクトリアに再会した。また会えてうれしかったし、どんな話を聞けるのだろうと思ってアレックスはわくわくしていた。

「あなたが知りたいのは、ローラに生活の仕方を改めさせるにはどうすればいいか、だったわね、アレックス。

でも、まずこのことを理解してちょうだい。人間を変わる気にさせる力には二種類あるってこと。『心の声の力』と、『環境の力』よ。変えなきゃだめだとわかっていることに、積極的に取り組むか、環境という現実によって強制的に変えさせられるか、のどちらかなの。残念ながら、たいていの人は行動を改めるのをいやがるわね。心の声に耳をふさぎ、変えるのを先延ばしする。結果として、目の前の危機に、環境の力によって、有無を言わせず対処させられることになる」

アレックスは、ハワイに着いた日に、どんよりと沈んだ気持ちで、三四階のバルコニーから外を眺めていたときのことを思い出した。

「僕のことを言われているみたいですね。どん底を経験して、何か思いきったことをしなければと思っていました。非常事態だったんです……」。悲しげに、アレックスは言った。

ヴィクトリアがじっとアレックスを見つめる。

「あなたは、環境の力によって変わろうとしていた。でも今、ローラに対しては、心の声に従って変わることを求めてる。不可能ではないけど、それは、環境の力によって変わるより、はるかに難しいことだわ。ローラは、ローラ自身の動機を見つけなければならない――心でちゃんと『正しい』とわかっていることを、実際にしようと思うだけの動機をね。

あなたは、ローラの肩に乗るジミニー・クリケット（ピノキオに善悪の区別を教えるコオロギ）になろうとしてるけど、それじゃうまくいくはずがないの」

アレックスは頷き、考え込むように言った。「もしかしたら、あなたからローラに話してもらうといいかもしれない」

「今にわかると思うけど、この問題にぶつかっているのはローラだけじゃないのよ」

ヴィクトリアがアレックスにウインクをした。アレックスの心が沈む。いったい、どういう意味だろう。

深く考えようとするアレックスを、ヴィクトリアの声がさえぎった。

「あら大変。おしゃべりより大切な食事が後回しになってるなんて。ああ、これがメニューね。お腹ペコペコじゃ、しっかり考えられないでしょ。何を食べたいか、言ってちょうだい。残念ながら、私のスペシャル・スムージーはないみたいだけど！」

内心ほっとしつつ、アレックスは笑って、メニューをざっと見る。

「ラック・オブ・リブ（あばら肉の塊）のフライドポテト添え、それとソーダにします」

と、希望の料理を伝える。

「相変わらず、食事で命を縮めたいみたいね」。首を振りながら、ヴィクトリアが言う。それから受話器を取り上げ、ルームサービスへかけた。

「もしもし、ディナーを二人分、お願いしたいんだけど。ラック・オブ・リブと、ほうれん草のサラダと、ソーダと、そうねえ……、こちらのジュースは絞りたてかしら？　ああ、そう、じゃあ、お水でいいわ。ええ、そのとおりよ。よろしく」

ヴィクトリアがアレックスのほうに向き直った。

「さてと、料理が来るまでに、三〇分あるわね」

そう言って、アレックスをバルコニーへ促す。

外に出た二人の前に、街の灯りがキラキラときらめく、息を呑むような眺めが広がった。北方にはサン・ガブリエル山脈が連なり、南西のはるか彼方には、太平洋がかすかに望める。二人は、座り心地のよい椅子に腰を下ろし、ほんのひととき、黙って、心地よい夕風に吹かれていた。

「それじゃ、始めましょうか」とヴィクトリアが言った。「四つめの罠は、『変化の罠』というの。そして変化の話をするときに欠かせないのが、それを邪魔するものについての話。それはね、先延ばし。成長と劇的な変化をだめにしてしまうものよ」

「聞いてびっくりしなかった罠は、初めてです」。アレックスが感想を口にする。

「これまで話してきたとおり、こうした罠は、現代ならではの要因のせいで、いよいよ危険になってる。わけても多い原因が、先延ばし。変化の罠に関しては、とくに顕著ね。

私たちはみんな、気の進まないことをつい後回しにしてしまう。長いこと続けてきた行動を変えるなんて、こんな大変なことはないもの。ありとあらゆる理由やら言い訳やらを考えて、なんとかして変えるのを避けようともする。前に紹介した話を覚えてる？」

「変わるくらいなら死んだほうがマシ、という話のことですか」

「そう、それ」とヴィクトリアが答える。「悪い習慣を変えず、文字どおり死ぬほうを選ぶなんて、信じられる?」

「ちょっと極端ですね。でも、やりかねない人を何人か知っています!」アレックスが答えた。

「絶対に変えなきゃいけないことを、先延ばししたり避けたりしていると、成長が止まり、進歩が滞ってしまう。行き詰まってしまうわけ。だから私は、先延ばしすることを、『成長と劇的な変化をだめにしてしまうもの』と呼んでいる」

ヴィクトリアは、使い込んだバインダーに手を伸ばした。表紙に、ブロック体の大きな文字で、「TRAPS(罠)」と書いてある。ヴィクトリアはバインダーをひらくと、ページをめくり、「変化の罠」と記したラベルの箇所をあけた。

「リストをつくってみてわかったの。この罠に落ちる理由は、主に三つあるのよ」

アレックスが読めるよう、ヴィクトリアがバインダーの向きを変えて差し出す。

1 **変わることは難しい**。意義ある変化をするのは、面倒で苦しい。慣れた、安心してできることをし続けるほうが、ラクである。

2 **正当化と先延ばし**。変わるのは、もっと都合のいい(あるいは、好ましい)ときが来てからでいい、人生のある段階を終了してからでいい、という思い違いをしている。

3 **完璧主義。**この病にかかっている人は、「完璧にできないなら、挑戦さえもしないほうがいい」という考えにとらわれて生きている。

◆変わることは難しい

「人はなぜ変化を拒むのか。その理由を探る研究について、調べたことがあるの」

そう言って、ヴィクトリアは「ＴＲＡＰＳ（罠）」のバインダーの、別のラベルを貼ったページをひらいた。

「人が変化を拒む理由。心理学者のジム・テイラーはこう述べている。変わろうとすることは、『長年にわたる考え方、習慣、感情、環境という潮流に逆らって泳ぐこと』に等しい、と。そしてテイラーは、持続的な変化を妨げる、四つの大きな障害に気がついた。詳細を読み上げる代わりに、要約のリストを読むわね。

第一の障害。低い自尊心、完璧主義、失敗への不安、怒りなどの、凝り固まった信念。

第二の障害。染みついた、考え方、感情の持ち方、行動の仕方。

第三の障害。失敗を恐れるために生じる、必要な変化への不安。
第四の障害。心地よくて安心できるためになかなか抜け出せない、現在、身を置いている環境や活動。[*1]

テイラーが要約しているとおり――ここからは、また彼の言葉を引用するわね。『変化に抵抗するのは、自衛本能である。変化を巧みに避けられたら、古い信念を手放すことなく、知っていること、つまり生き方を守れるのだ。みっともない失敗をせずにすめば、苦しく腹立たしい――だが、向上に不可欠な――自省をする必要もなくなる[*2]』」

バインダーに記した文章を読み終え、ヴィクトリアが、アレックスをじっと見て、反応をうかがう。アレックスは、考え込むように、首を縦に振っていた。

「僕はこれまでずっと、自衛に走りすぎていました――先延ばしすることにかけては、プロ級ですよ！」そう言って、悲しげに笑う。「耳が痛いけど、納得がいきます。真実というのは、厳しい一方で、然るべき時に然るべき場所で、心を解放してくれるんですね」

「アレックス、人は手を尽くして、変化を避けようとする。それは人間の性《さが》ね。習慣を変えるには二一日かかる、という言葉を聞いたことがあるでしょ[*3]。よい習慣を身につけるには、先々を見越して、進んで行動を起こさないとだめなのに、悪い習慣はたいてい、あれこれ手を打たなくても身についてしまう。そういうわけで、悪い習慣をよい習慣へ変えるには、とても長い時間がかかるの」

「なるほど」

ヴィクトリアの説明に、アレックスは大きく頷いた。

◆正当化と先延ばし

「変わることがなぜ難しいか、その一つめの理由に何も質問がなければ、二つめに移りましょう。

人間というのは、変わらなきゃだめだとわかっているときでさえ、ありとあらゆるもっともらしい理由を探して、変わるのを先延ばししようとする――やがて、環境の力によって変わらざるを得なくなるまでずっと。そうね――私たちを、有無を言わせず変えるのは、環境の力か、心の声の力かのどちらかだ、という説明に戻るけど」

「ああ、ローラのことを話していたときでしたね」

「そう！　ほとんどの人は、環境の力によってやむを得なくなるまで、意地でも変わろうとしない。あなたも、借金するのをなかなかやめようとしなかったでしょ。結婚してからずっと、キムはあなたに借金をさせまいとしてきたのに。それに対して、あなたはどう対応したかしら」。ヴィクトリアが尋ねる。

「耳を貸しませんでした。変える必要なんかないと思っていたからです。僕のやり方のほうが上だ、とも思っていました」とアレックスは答えた。

「私たちは、いちばん近くにいる人の意見を、いちばんないがしろにしてしまいがちね」。ヴィクトリアが穏やかに言う。

「それは、なぜでしょうか」。アレックスが尋ねる。

「マンネリ化し、習慣の言いなりになり、愛する人の気持ちや不安を見過ごしてしまうから。要するに、相手の意見のありがたみがわからなくなってしまうのね。あなたは、二〇年以上も甘い言葉に惑わされるがままになっていたのに、いったいなぜ、心を入れ替える気になったの？」ヴィクトリアが尋ねた。

「二つの出来事があったんです。一つは、僕の収入が激減したこと。もう一つは、キムがサンフランシスコで仕事をするという選択をしたことです。これは本当にショックでした」。アレックスは正直に話した。

「環境の力によって変化を余儀なくされる、典型例ね。収入が減ったこととキムとの別居によって、あなたはこの問題――この『罠』に取り組まざるを得なくなった」

「ええ、そのとおりです」とアレックスは認めた。「それで僕はどうすればいいのでしょうか。どうすれば、もうこれ以上、つらく苦しい思いをせずにすむんでしょうか。有無を言わせず変化させられるより前に、必要な変化を自分から起こすには、どうすればいいんですか」

「心の声に耳を傾けなさい。そして、手に負えなくなる前に軌道修正しなさい。アレックス、心の声は、善悪の区別を教えてくれる。あなたの中にいるあの小さな声は、危険や災難から、あなたを守ろうとしてくれているの。

私たちは毎日慌ただしくしていて、心の声がかき消されてしまうのを、そのままにしてしまいがち。そのうえ、心の声はかすかなので、注意を払わなければ聞こえない。だから、何か事前対策的に行動して、内なる声を理解し、教え導いてもらえるようになる必要がある。たとえば、時間をかけて祈ったり、じっくり考えたり、瞑想したり、耳をすませたりするの」

「そんなシンプルなことが効果絶大だなんて、面白いですね」。アレックスが目を見はる。

「心の声がしっかり聞こえるようになると、環境の力によって強制的に変化させられるより前に、人生で必要な軌道修正ができるようになる。これがつまり、『心の声の力』よ」とヴィクトリアが説明する。「そして、心の声がよく聞こえるようになり、さっと反応できるようになればなるほど、賢い選択をし、優れた成果を得られるようになるの！

かく言う私も、人生をしっかり歩んでいけるよう、毎日心の声に助けてもらってる。この声に誤った方向へ導かれたことは、一度もないわ。道を外れてしまうのは、心の声を無視するときだけ。さっき話したような事前対策的な行動を怠るか、思わず耳をふさいで、心の声が教えてくれることを無視するか――いずれにせよ、そういうときは、避けられたはずのまずい判断をしてしまって、その結果に苦しむことになった」

「あなたがそんなまずい判断を何度もしたなんて、信じがたい気がします」。アレックスが口を挟む。

「実を言えば、これまでの人生でまずい判断をいろいろしてきたから、そのとき学んだことを今こうしてあなたに教えてあげることができる。あなたに話している罠のすべてに、私もいつの間にか落ちていた。どれも、今なお生々しく強烈に思えるわ。罠が生み出すつらさ、苦しさを、身をもって経験したから」と、ヴィクトリアが経験を打ち明けた。

話を中断するように、ドアベルが鳴った――ディナーが届いたのだった。

◆完璧主義

ヴィクトリアはサラダを、アレックスは肉を食べながら、二人は会話を続けた。

いや、実際には、話すのはもっぱらヴィクトリアだった。

「変わるのを先延ばししたり避けたりする三つめの理由は、完璧主義。成長を妨げる考え方だけど、これにしがみつく人は数え切れないくらい、いるわね」

ヴィクトリアが話を続ける。

「完璧主義が有害である大きな理由は、私たちがものごとを学ぶ方法と正反対だから。ふつうは、あれこれ試すことによって、つまり、倒れてはまた立ち上がりを繰り返して学ぶわ――よちよち歩きの子どもが歩き方を学ぶときと同じように。そうやって、人は成長し、発達しながら、生きていくの。ところが完璧主義には、間違う余裕も、試行錯誤するゆとりも、全然ない。

実は私、とても長い間、当たり前のように完璧主義に徹し、その害を受けていたの」。ヴィクトリアはそう打ち明け、目を伏せた。

「幼い頃からずっと、完璧主義に徹するように育てられ、それが心の奥深くにまで根を張ってた。父も完璧主義者だったわ――自分に厳しく、間違うのも基準に満たないのも、認めることができなかった。

私は、新しいことを始めるのを避けていた。完璧主義であるために、ピアノを習うとか外国語を学ぶといったことができなかったの。『実践や練習に勝る指導者はいない』と言われるけど、完璧主義者にありがちな行動として、思いきって何かをやってみるのではなく、最初から何一つミスなくできなければならないと思ってしまうの。

完璧主義を、客観的に考えてみて。よちよち歩きの子どものときに、歩こうとするのをやめてしまったら、どうなるかしら。あるいは、完璧に発音できる単語しか話さなかったらどうかしら。

そんなの馬鹿げてる、と思うかもしれない。でも結局、私が言いたいポイントはそこなの――『完璧主義は、後天的な性質であって、人間の発達についてまわるものじゃない。ただ、ある年齢になると、その主義に染まりやすくなるのはたしかだ』。もし完璧主義が先天的なものであるなら、私たちはスポーツをすることも、楽器を習うことも、第二言語を学ぶことも、決してない。仕事だって、成功が保証されているときしか、しなくなってしまう。

意義深いことを達成しようとするときに、何度も失敗することなくいきなり達成しようと考えるのは、非現実的よね。ところが、失敗すまいとして自分で自分をがんじがらめにする人は実際、そこかしこにいる。行動や習慣を変えたがらない人たちよ。失敗したら、かっこ悪いから。完璧主義者にとって、他人の前で恥をかくなんて、それこそ死ぬほどイヤだもの」

「わかります。その状況を、実はしょっちゅう目にしています。僕自身はこの問題で苦労することはないんですが、マイケルにとっては大きな課題だと思います」

「そうなの？　マイケルのどんなところが完璧主義なの？」

「ご存じのとおり、マイケルは僕よりキムによく似ています」とアレックスが言う。

「その点については、神に感謝しなくてはね」。からかうように言って、ヴィクトリアがにこっとする。アレックスは何も答えず、先を続けた。

「マイケルはとても慎重で保守的です。危ない橋を渡ろうとしないんです。何か新しいことや今までと違うことをするときには、そのことが得意な人に徹底的にアドバイスを求めて、リスクを最小限にしようとします。他人の例から最良のやり方を見つけ出すのは、素晴らしいことに見えます――でも、誰かの意見をもらう時間などなく、すぐに行動しなければならない場合もあります。そんなとき、マイケルは誰とも口をきかず、自分の殻に閉じこもってしまいます。失敗したら他人の目にどう映るかということばかり考えて、気後れしてしまうんです」

「マイケルは、完璧主義者の典型的な特徴を持っているみたいね」

「マイケルの力になるために、僕にできることが何かないでしょうか」とアレックスが尋ねた。

「一度もしたことがないことをさせるといいかもしれない――失敗を経験しなければ決して先へ進めないことを。マイケルは、外国語を学んだり楽器を習ったりしたことはある？」

「ありません。そのどちらも、マイケルは意図的に避けてきました――おそらく、完璧主義者ならではの理由で」。少し考えつつ、アレックスは言った。

「あなたなら、マイケルを励まして、何か新しいことに挑戦できるようにしてあげられるかもしれない。具体的に何をするかは自分で決めさせてあげてね。試行錯誤という未知の領域に足を踏み入れるのはとても怖いでしょうけど、それを乗り越えてこそ新しいスキルを身につけられるのよ」

「バイオリンを習う、とだけは言わないでくれるといいんですが――あのキーキーいう音はたまりませんから！」

ありがちなアプローチ

「変化の罠に落ちてしまう理由については、もう十分に話したんじゃないかしら。とくに、先延ばしにすると、成長と劇的な変化がだめになってしまいかねない理由については」

ヴィクトリアが言った。

「今度は、ありがちなアプローチと啓示的《エピファニー》ブレイクスルーを比べてみましょう。そうすれば、より効果的な方法を今すぐ使えるようになる。

経験から言うと、苦痛があるレベルを超えるか、人生のどん底を経験すると、人は変化を受け容れる。ただ、問題や悪い習慣を断とうとする場合、これは理想的な方法とは言えない。『心の声の力』ではなく『環境の力』によって、変化を始めることになるからよ。

このシナリオでは、たとえ有意義な変化をすることができたとしても、その前に、大変な苦しみを味わったり耐えたりすることになる。すると往々にして、苦しみが少しでもやわらぐと、ずるずると昔の行動パターンに逆戻りしてしまう――あるいは、意志の力のみを頼って、何が何でも変わろうとする。だけどそれでは、持続可能で長期的な解決策にならない」

啓示的《エピファニー》ブレイクスルー

「啓示的《エピファニー》ブレイクスルーのアプローチは全く違うのよ、アレックス。このアプローチでは、心の声に教え導いてもらうと、人生で変化を起こせる、と考える。私たちに意欲を起こさせるのは、環境の力ではなく、心の声の力なの。

心の声は、言うなれば内なるGPS。現在地と、目的地と、行き着くための最良の方法を知る手助けをしてくれる。行く手に障害物があることを知らせたり、それを避ける方法を教えてくれることもある。今すぐ変わるという前向きな選択をすることによって、私たちはチャンスを逃して悪影響を受けることがなくなり、悪い習慣も断ち切れるようになるの。

こんなふうに考えてみて。心臓病になって、トリプル・バイパス手術を受けなければならなくなるまで、コレステロール値に対して見て見ぬふりをするべきかしら？　それとも、健康的な食事療法と運動療法を取り入れて、手術を受けるような状況にならないようにするべきかしら？　答えは明らかよね。だけど、いやでも変わらざるを得なくなるより前に、積極的に行動を起こす人が、どれくらいいるかしら。

心の声を信頼するには、つべこべ言わず思いきって信じることが必要だわ。そうすれば、否応なしに変わらなければならなくなるより前に、人生に変化を起こすことになるから。

人生には、選択肢として二つの道がある。自分から状況に働きかけるか、状況に影響されるがままになるか、の二つよ。必要な変化を先延ばしにするときは、実質的にこう言っているのと同じ。『人生よ、好きなように私に影響を及ぼしなさい』。逆に、（心の声に耳を傾けて）しなきゃだめだと思う変化を実践したり、（環境の力に）強制されて変化したりするときには、実質的にこう言っていることになる。『人生よ、私はあなたを動かします』。つまり、影響をもたらすか、それとも影響を及ぼされるかだってこと。選ぶのは、私たち自身だわ」

アレックスとヴィクトリアは、しばし黙って、その意味をじっくり考える。アレックスが、ノートに目を落とした。

Trap4 ―― 変化の罠

この罠にかかってしまう理由

1 変わることは難しい。それは、面倒で苦しい場合がある。

2 人はとかく、変化を先延ばししようとする。

3 完璧主義者は、「完璧なことができないなら、挑戦さえもしないほうがいい」という考えにとらわれて生きている。

▼ありがちなアプローチ

1　環境の力によってやむを得なくなるまで、変わろうとしない。

2　どん底を経験するまで、変わるのを先延ばしにする。

3　変化を持続させるために、意志の力を頼る。

▼啓示的《エピファニー》ブレイクスルー

環境の力によって変わらざるを得なくなるのを待つのではなく、心の声に指示されたときに、思いきって自分を変える。

「僕にとっては、またまた手強い課題になりそうです、ヴィクトリア」とアレックスが言った。「僕は完璧主義者ではないかもしれませんが、不快な変化をできるだけ先延ばししようとする人間なのは間違いありませんから。

あなたに心の声と引き合わせてもらった今、この先延ばしについて、声はどんなことを言うのだろうと思います。問題だらけの人生をまともな状態に戻そうと思うなら、僕たちはこの先もっとよく知り合う必要があるんでしょうね」

首を振りながら、アレックスはそう言った。

「ところで、罠はあといくつあるんですか」

「ものごとには順序というものがあるでしょ、アレックス。一度に一つの罠を学ぶのが、ちょうどいいわ」

二人は二日後、ヴィクトリアがハワイに戻る前に、もう一度会うことを約束した。アレックスは、美味しい夕食の礼を述べ、それからホテルをあとにした。


車で帰宅したアレックスは、不安もかすかにあったが、決意を新たにしていた。オープンカーの革ハンドルを、まるで子猫に対するかのように、そっとなでる。

先延ばしするのをやめて、前向きな変化に集中すべきときが来た、とアレックスは思った。何をしなければならないかは、わかっていた——この贅沢きわまりないオープンカーを下取りに出すのだ。これを買ったばかりに、連鎖反応が起き、ついには突如として、キムが出ていってしまった。この車を走らせるのは最高の気分だったが、その所有を正当化することはもはやできなかった。アレックスは、何が何でも借金を返す覚悟だったし、この車の支払いがなくなれば、目標達成にぐっと近づけるにちがいなかった。

車は土曜日に持っていこう、とアレックスは思った。土曜なら、仕事のあれこれに煩わされることがない。ただ、彼に車を売った担当の営業マンと営業部長に会うのは気が重かった。二人に何と言えばいいだろう？　事の次第をどう説明すればいいだろう？　そんなことを考えるのはよそう、とアレックスは思った。ただ行動あるのみだった。

土曜の朝になり、アレックスは愛車を最後にもう一度運転して、ディーラーへ行った。ほんの六カ月前、彼のことをどこかの国王のように扱った同じ担当者たちが、ああ、あのときの、という顔で挨拶する。二人は失望を隠せず、アレックスの気持ちを変えさせようとした

——だが、アレックスの決心は固かった。

買い取り価格をめぐって二時間争ったのち、ようやく決着し、車は正式に、彼の所有物ではなくなった。購入してまだ六カ月しか経っていないにもかかわらず、価値は一五パーセント下落した。アレックスは、一応安堵したものの、一連の手続きを進める間に受けた精神的苦痛を当分引きずりそうだった。車のローンを完済できるだけの現金は手に入ったが、頭金は戻ってこなかった。

明くる日、アレックスは広告を見て次の車を探した。じっくり検討したのち、一台を選び、現金で購入した。彼が誇らしげに手に入れたのは、ベージュ色の小型車だった——塗装がはげ、ドアハンドルは錆び、エンジンが苦しそうな声をあげる中古車だ。アクセルを踏んでも、あのパワフルな低いうなりはもはや聞こえない。代わりに、呻《うめ》くような音が響く。アレックスは、ラジオの音量を上げて、その情けない音をかき消した。

ゴージャスなオープンカーを手放して手に入れたのが、車とは名ばかりのこんな貧相な代物だとは。アレックスはプライドをひどく傷つけられたように感じたが、心の重荷が取り払

われたのも、疑いようのない事実だった。彼の心の声は、久しぶりに、自由に発言できるようになっていた。引き替えにしたものにはそれだけの価値があることが、なぜかアレックスにはわかっていた。

チャズは何と言うだろう。ふとそう思ったが、意外にも、チャズの反応がアレックスは気にならなかった。子どもたちはどう思うだろう。びっくりして、目を見はるかもしれない。

アレックスはようやく、する必要があるとわかっていることをやり遂げた。そして、そのために、とても誇らしい気持ちになっていた。キムは、どんなふうに思ってくれるだろう――。思わぬほうへ考えが逸れていったが、キムに対して自分がどれほど、そばにいてほしい、意見を聞かせてほしいと願っているかを、アレックスははっきり知った。

おんぼろ車をドライブウェイ（自宅の私道）に入れたアレックスは、ローラが面食らった表情を浮かべて、窓から見ているのに気がついた。

「ちょっと……あのオープンカーはどうしたの？　修理にでも出したの？」ローラが尋ねる。

「いや、そうじゃない。昨日、ディーラーに行って、買い取ってもらったんだ」。ローラの困惑を感じつつ、アレックスは満面に笑みを浮かべて言った。

「あたし、今晩パパの車を借りるって、友だちに言っちゃったわ。今さら、どうすればいいのよ？」

「車がいるなら、新しいのを使えばいい」。ローラの顔の前で鍵をジャラジャラ言わせながら、アレックスは言った。

「冗談もたいがいにしてよ、パパ！　なんで買い取ってもらわなきゃいけなかったのよ？パパのせいで何もかも台無しだわ！」ローラが不満をぶちまける。

「ごめん、ローラ。おまえがそんな予定にしてたとは知らなくて」とアレックスが答える。

「いきなり車を売っちゃうなんて、わかるわけないじゃない」。ローラが訴える。

「それはそうだ。ただ、手放すことは、だいぶ前から考えてたんだ」とアレックスは打ち明けた。

「それって、うちに全然お金がないから？」怒った勢いで、ローラが責めるように言う。

「そのとおり！　それに、あの車を買ったせいで、ママをカンカンに怒らせてしまった。こうするべきだってことは、ずっと、パパの心の声が言い続けてた。この声に従うことが、正しい行動なんだ」

アレックスが詳しく話をする。

「それと、おまえの大学進学のために、本気で貯金を始めようと思ってる」

「ほんとに？」驚いて、ローラが言った。「パパにはどうでもいいことなんだと思ってた」

「まさか。気にかけてるよ、すごくね。贅沢な車の支払いをしていくより、おまえのために貯金をしたいと思うし、それは、あの特別かっこいい車を運転するのと同じくらい楽しみなことなんだ」。アレックスは娘に、そう話した。

「あたしたち今、あれも買っちゃだめ、これも買っちゃだめって言われてるけど、同じように、大学に行くのもだめって言われるんだと思ってた」。ローラが言った。

「そんなことはないよ。ただ、まだちゃんと話したことがなかったね」。アレックスが言う。

「今、少しいいかい？」

「もちろん。パパが、あのおんぼろを乗りまわすのに忙しくないならね！」そう言って、ローラは笑った。

アレックスとローラは、それから一時間にわたって話をし、ローラの大学進学と夢について、互いの考えを伝え合った。ローラは、高校を卒業してすぐに大学へ行くべきか、それとも、一年かけて、見聞を広めたり、働いたり、旅をしたりして、それなりの覚悟ができてから行くべきか、五分五分の気持ちで迷っていた。それぞれによいところがあるが、どちらを選べばいいのか、よくわからないという。アレックスは、じっくり耳を傾け、自分の知る最良の方法をアドバイスした。

最終的に、ローラは大学へ進む前に一年間、小休止することにした。ただ、高校を卒業する前に、つまり勉強する環境にある間に、SAT（大学進学適性試験）を受ける準備をし、実際に受験するつもりだ、とも言った。アレックスはローラの判断を褒め、応援するよと励ました。

ローラは、大学の勉強についていく能力が自分にはないかもしれないという不安も口にした。学校をずる休みしたり、勉強をサボったりといった、規律に欠ける習慣を、なかなか改められない、とも洩らした。ただ、父親の最近の変わりように、ローラは刺激を受けていた。父親が意を決し、オープンカーから大衆車に買い換えることができるなら、自分も、生活の中で変えるべきところを変えられるかもしれない、と。

玄関のドアがバタンと閉まり、マイケルがサッカーの練習から帰ってきた。スポーツバッグを、玄関の片隅へ放る。

「パパ、ドライブウェイ（自宅の私道）にベージュ色の車がとめてあるけど、あれ何？　パパの車はどうしたの？」

「聞いて驚くなよ」とアレックスは微笑んだ。

その晩遅く、マイケルが母親と電話で話しているのを、アレックスは耳にした。おそらくマイケルはキムに、劇的に変わっていく父親の、今日の様子を話しているのだろう。話を聞いて、キムの心に変化が生まれ、仲直りへ向けて一歩前進できないだろうか。そうなってほしい、とアレックスは願わずにいられなかった。

職場でも、アレックスの勢いは止まらなかった。焦点《フォーカス》の罠にかからないようにするために、仕事のさまざまな側面について、やり方を変えることにしたのだ。

一つめ。スケジュールを、過度に空けておくのをやめることにした。今までは、誰もが自分の都合のいい時間にアレックスと会うことができた。だが、これからは、会いたければ、まずアレックスのアシスタントに依頼しなければならず、会う時間についても明確かつ具体的にしなければならない、とした——もはや無制限には会わないことにしたのである。さらに、チャズをはじめとする同僚がふらりと顔を出すのも制限した。彼らは悪意があってやってくるわけではないが、非生産的なおしゃべりを延々と繰り広げることがあまりに多かった。

二つめ。計画を立てたり考えたりする時間を、スケジュールの中で確保した。これは新鮮な経験だった。アレックスがずっと避けてきたことだからである。だが、これからは違う。彼は今や、自分の時間をしっかりコントロールするようになり、スケジュールの中にこんなにも多くの空き時間があることに目を見はった。

三つめ。必ずしも必要ではないミーティングに対し、「ノー」と言えるようになろう、とアレックスは決心した。それまでの六カ月を振り返ると、どの週も、オフィスにいる週五〇時間のうち、自分のために使える時間は一〇時間しかなかった。ミーティングの予定が、毎週四〇時間も、組まれていたのである！　半分は同僚がらみのもの、あとの半分は、直属の部下がプレゼンをするミーティングだった。

アレックスは、ミーティングに割く時間を、今後一年間で半分の週二〇時間に、さらにその一年後には週一〇時間に減らすことを目標に掲げた。簡単に達成できる目標ではないのも、上司の同意が必要になることも承知していたが、自分の生産性を上げるために、なんとしても成し遂げる覚悟だった。

そんなふうに仕事の仕方を変え始めるのと並行して、アレックスが驚いたことが二つあった。一つは、自分がどれほど多くの取るに足りないものにとらわれてしまっていたかということ、もう一つは、彼が望む変化に周囲の人々がいかに強く抵抗するかということだった。

計画を上司にどう伝えればいいかと思案していると、キムからメールが届いた。スマートフォンを取り落としそうになるほどの勢いで、メールをひらく。

おそらくマイケルが送ったのだろう。メールには、先日買ったあの中古車のスナップ写真が添付されていた。写真の下に、疑問符がつけられている。キムが家を出ていった四月のあの悲しい日以来、子どもたちのこと以外でキムがアレックスに連絡してきたのは、これが初めてだった。アレックスは、言葉を尽くして説明したい気持ちに駆られたが、そういう大切なことを伝えるのに、メールは適切な手段ではない気がした。そのため、返事として感嘆符を返した。ややあって、キムからスマイリーフェイス（ニコニコマーク）が送られてきた。

アレックスは、椅子の背にもたれ、大きく息を吐き出した。家を出てからずっと、キムはいっさいのやりとりを頑として拒んできたが、ようやく、一歩前進したのだ。

五月のあの週末、キムが、子どもたちとは一緒に過ごすのに、彼とは会うことさえ拒んだときのことを思い出すと、いまだに胸が痛む。意思の疎通は、子どもたちを通してしか、もっとはっきり言えばたいていマイケルを通してしか、なされなかった。このメールのやりとりがきっかけになって、もっとコミュニケーションをとれるようになり、長い長い年月の間にできてしまった溝が埋まる可能性が広がることを、アレックスは願わずにいられなかった。

そしてまた、仕事のことを考え始めた。アレックスがミーティングの回数を減らそうとしていることに、直属の部下たちがみじんもがっかりしていないのはわかっていた――それどころか、どうやら、ありがたいと思っているらしい。

アレックスは、紙にパーキンソンの法則を書き出し、机の上に貼った――「仕事は、割り当てられた時間いっぱいまで延びる」。それが真実であることを、アレックスは理解し始めていた。

彼はミーティングの主催者と話をして、自分の出席を週に一度ではなく月に二度に減らすよう交渉した。主催者はあまりいい顔をしなかったが、アレックスにも関係がある問題については、彼が出席するときまで延期することを約束してくれた。

アレックスが実行した変更の中で最も反発されたのは、例外なく全員に対してスケジュールを融通しなくなったことだった。アシスタントのところには、彼から週に二〇時間以上を奪う依頼が、今なお来ていた。だが、彼は週に五時間しか割り当てないことにした――七五パーセントの削減である。依頼の半分は、他人の問題としか言いようのない問題を伴っていた。アレックスは上手に責任を委譲して仕事をやり遂げる。そこに惹かれる人たちは、自分たちの仕事もアレックスにやり遂げてもらおうとするのだ。アレックスの手助けを得られなければ、自分たちの問題を解決してくれる人を新たに探すか、でなければ、みずから解決せざるを得なくなる。いずれにしても、生みの苦しみは避けられなかった。

面白いことに、アレックスが時間の使い方を変えたことに対し、声を大にして抵抗したのは、チャズだった。チャズとそのチームには週にだいたい一〇時間奪われていると、アレックスは計算していた。チャズのチームはアレックスの直属の部下ではないため、アレックスはその一〇時間を完全にカットした。ほどなく、チャズが文句を言いに来た。

「どうかしたのか」

猛然とオフィスに入ってきたチャズに、アレックスはとぼけた顔で尋ねた。

「話し合う必要がある」と、チャズが怒鳴るように言う。

オープンカーを売ったことをチャズに知られないよう、アレックスは早い時間に着いてビルの裏に駐車していた。チャズに話す心の準備が、まだできていない。チャズに関してはもう一つ、一緒に外食したが最後、必ず支払わされることになることを、苦い経験から思い知らされていた。

「あいにく、今日はそういう気分じゃないんだ。悪いな、チャズ！」

傷ついたような表情が、チャズの顔に広がる。

「おまえ、いったいどうしたんだ？　俺と俺のチームは、おまえのスケジュールからはじかれてしまってる。前はよく助けてくれてたのに。頼りになる奴だと思ってたんだぞ」

チャズとの関係がずっと、どんなに一方的なものであったかということに、アレックスは気づき始めていた。

「おまえやおまえの部下とはいっさい、ミーティングをしないことにした」。アレックスはきっぱりと言った。

「いったい、なぜだ？　俺たち、力を合わせて、すごい結果を出してきたじゃないか！」

「あのミーティングでは、おまえのチームの問題を解決していた。僕はおまえに、自分の部下を導くチャンスを大事にしてほしいんだ」

「ずいぶんと面白いことを言うんだな、アレックス。俺たちにはおまえが必要だ。いや、俺にはおまえが必要だ。今じゃ誰も彼もが、答えをくれと言って、俺のところにやってくるんだ」。恨めしげにチャズが言う。

「それはおまえがその仕事の適任者ってことだよ、チャズ！　実際、それこそがおまえの仕事だ」。アレックスが励ますように微笑んだ。

「友だちじゃなかったのかよ」。困惑げにかぶりを振りつつ、チャズは出入口へ戻りながら、ぶつぶつ言った。

もしチャズが心の声に耳を傾ける人であったなら、行動を変えたと言ってアレックスを非難することはなかっただろう。チャズが何より困ったのは、打つ手なしの体《てい》になってしまったことだった。仲のいい、頼りになる問題解決者だったアレックスが、もはやチャズの問題を解決するために時間を割いてくれなくなってしまったのだ。チャズは、今後ずっと、自分の責任を自分で負わなければならなくなった。労せず結果を得ることは、もうできない。チャズは自分のオフィスに戻る途中、ゴミ箱を蹴飛ばした。ゴミ箱は、廊下を転がっていった。

チャズが出ていくと、アレックスはひとり、にやっとした。自分に克《か》った気がした——それまであまりに安易に引き受けていた他人の課題から、自分を解放したのだ。むろん、困っている友人がいたら、喜んで助けるつもりだった。ただ、いつの間にか利用されているという事態にはならないようにしようと思った。アレックスがいろいろ変えているのを快く思っていないのはチャズだけではない。しかしながら、アレックス自身は、かつてないほど晴れやかな気分だった。

以前のアレックスは、自分の仕事は上司の計画を実行することなのだからと言って、同僚のために問題を解決するのを正当化していた。だが今は、自分はこれまでずっと、共依存を助長していたのだと、はっきり悟っていた。

計画を立てる時間を増やすのが、とても有益であることもわかった。単に会社へ行って仕事をするのではなく、事業に影響をもたらすようになったのである。アレックスは、収益をあげる新たな方法を見出した。時間や財源を浪費するミスを、チームが繰り返していたことにも気がついた。彼は、会社のやり方として長く続いてきたものの、ほとんど成果を生まない販売方法を切り捨てた。代わりに、斬新なアイデアや新しい考え方をどんどん取り入れるようになった。

アレックスは、ハワイで彼を圧倒した力強い波を、ありありと覚えていた。あのとき、もし自然の力にほんの一押しされたら、呆気なく巨大な海へ投げ出され、溺れてしまうのではないかと思った。仕事においても同様だった。問題という波に次から次へと襲いかかられながら、その中でなんとか溺れまいとするばかりの危機管理モードが続いていた。

だが、彼はついにそんなモードを脱した。今は、軽々と浮いていられる気がする。目下の仕事の浮き沈みに左右されることなく、明確なビジョンを持って、思いどおりに歩むことができる。つい最近まで生活を支配していた、何をどうすればいいかわからないという不安は消え失せ、新しい目的意識を持つようになっていた。

客観的なオブザーバーのように、離れたところから仕事を見て、次の戦略へ向けた知識やアイデアを集められるようになったとも感じていた。これまでは、誰かほかの人の戦略を実行していた。だが今は、自由裁量権を与えられたような感覚がある。上司と足並みをそろえながらも、独自のカラーを出せるようになったのだ。さらには、以前のアレックスは、管理能力は十分だが、明確なビジョンを持ってリーダーシップをとることができていなかった。

だが今は、両方の能力を発揮できるようになっていた。

マスターしようと思っていまだ奮闘中なのは、罪悪感を覚えずに「ノー」と言えるようになることだった。この新しいアプローチがもたらす結果にはわくわくしたが、ともすれば、以前のように、他人を喜ばせようとしてしまうことがあったのだ。他人を満足させたいと思うこと自体が、いわば罠であることはわかっている。むろん、感謝されたり褒められたりといった、いっときの見返りを得ることはできるし、上司や、頼み事をしてきた人を喜ばせれば、満足感を覚えることもできるだろう。だが、多くを引き受けすぎて、パンク寸前になってしまったら、そのせいで、前々からやると約束していたことを全部は達成できなくなってしまう。この新しい生き方に向けて、まだ一歩を踏み出したばかりだ。ただ、自分が正しい方向へ進んでいることは間違いない、とアレックスは感じていた。

アレックスは、自分の力が許す以上には、遠くへも速くも走れないことを学んだ。万能であることはできない――だが、それでいいのだ。この学びを習得するのは難しいが、身につけると、とてつもない解放感がもたらされる。

彼は、優先順位の見直しも始めた――自分にとって最も重要なことを考えるようになったのである。かつて時間と注意を傾けていたことの多くに、今ではほとんど重要性を感じなかった。土曜に友人たちとゴルフを二ラウンドするのは、たしかに楽しいし気分転換にもなるが、丸一日かかってしまう。同じだけの時間を、彼は妻と子どもたちのために割いていただろうか。もし割いていたら、キムは出ていくことも彼に冷たくなることもなく、今もそばにいてくれたのではないだろうか。

アレックス自身がゴルフに出かけるために、マイケルのサッカーの試合を見に行くことも、これまでほとんどできていなかった。これからは欠かさず行こう、と彼は固く心に誓った。

アレックスはまた、金銭面で友人たちにいいように利用されていたことにも気がついた。アレックスが会員になっているカントリークラブでプレーするときには、彼が全員分を支払うことになる。といって、どこかほかのところでプレーしようと提案すると、友人たちにとって、ゴルフの優先順位が突然、低くなる。彼のほかには誰も、中心になって動こうとも金を払おうともしなかった——ただの一度も、である。それは、控えめに言っても、驚くべきことだった。

アレックスは、これまでの生活を検討し、自分が取り憑かれたようにテレビでスポーツ観戦をしていたことに気がついた。一週間で、おそらく二〇時間くらい観ていたにちがいない。日曜の夜はフットボール、月曜の夜もフットボール、木曜と金曜の夜は大学のフットボール、土曜は（ゴルフで忙しくないかぎり）フットボール、言うまでもなく日曜もフットボールを観ていた。フットボールのシーズンが終われば、バスケットボールが始まり、次いでホッケー、野球と続く。どの試合も、観ていて楽しい。だが、一年間ずっと、毎週のように、そんなにもテレビを観ることが、本当に必要で重要だっただろうか。

内省的になっていたアレックスは、こう思った。人生をこんなふうに変え始めるのに、なぜこれほど時間がかかってしまったのだろう、と。キムが家を出ていく事態を招いてしまったことで、自尊心がひどく傷ついたが、一方で、当たり前のことに取り組むのを、自分はなぜこうもずるずると先延ばししてしまったのか。こうも思った。自分はなぜ、古い友人からアドバイスを受けるまで、視野を広くして状況を見ることができなかったのか。そう、妻は最初から、その視野に立って、同じことを言い続けていたのに。「何事も、タイミングなんじゃないか」。そう思って、彼はため息をついた。明らかな真実に向き合うだけの覚悟が、長い間、彼にはなかった。ただ、今は正しい方向に向かっている。それは間違いなかった。

Trap5 —— 学びの罠

あっという間に二日が過ぎ、アレックスはふたたび、ヴィクトリアが泊まっているホテルのバルコニーで、ルームサービスの夕食のメニューに目を通していた。今回はシーザーサラダを注文することにした。これから始まるヴィクトリアとの会話は重くなるかもしれないので、軽い食事のほうがバランスがとれる。彼がはまってしまっているまた別の罠を、ヴィクトリアは明らかにしてくれるにちがいない、とアレックスは期待に胸をふくらませた。

「この罠についてあなたと話し合うのは、今までに話したどの罠より楽しみでたまらないわ、アレックス」。ヴィクトリアが言った。

「えっ、それはなんだか緊張しますね」

「しっ、静かに、見習いさん」とヴィクトリアが言う。「五つめは、学びの罠よ。この罠でいちばん問題になるのは、間違うこと――私たちは、間違いを犯すことについて、なぜか誤解しているの」

「いや、お手上げです。どういうことなのか、これは興味津々ですね」

そう言って、アレックスはボールペンのキャップを外し、メモを取り始める。

「私の観察と経験から言うと、学びの罠に落ちる理由はいくつかある」

ヴィクトリアが深く呼吸をする。

「一つめの理由は、これ。間違いというのは、その責任を負うより隠すほうがはるかに簡単だから。間違うことを、私たちは、学習プロセスの一部ではなく、性格上の欠点、つまり短所だと考えてしまうの。

誰しも、他人に見せたい顔とかイメージがあるでしょ。ところが、間違いを見られてしまうと、そのイメージが傷ついたり悪くなったりしてしまう。だからみんな、全力を挙げて、そのイメージを、何一つ傷のない完璧な状態に保とうとする。でもね、忘れてはいけない――間違うことは、人生という旅の、欠かせない要素なの」

◆人は、間違いを隠したりごまかしたりしようとする

ヴィクトリアが先を続ける。

「何か間違いをすると、私たちは本能的に、それを隠そうとする。この点をもう少し深く掘り下げてみましょうか」

「お願いします」。アレックスが答える。

「間違いを他人の目から隠せたら、ある特定のイメージを守ることができる。ただ、隠してしまうと、何も学べない。それが、この方法のまずいところね。おまけに、隠すためには、大変な労力がいる。そういう労力は、熟考と発見に使って、軌道修正と成長につなげたほうがいいわ。

私は別に大の政治好きってわけじゃないけど、ニクソン大統領の辞任には、この罠に関連する、とても貴重な教訓があるの。一九七〇年代半ばだから、あなたとボビーはまだよちよち歩きの坊やだったわね」

ヴィクトリアが言葉を切り、微笑む。ボビーのことを話すときは、いつもそうだ。

「ニクソン大統領が辞任を余儀なくされたのは、ウォーターゲート不法侵入事件を起こしたからじゃない。事件を隠蔽しようとしたからよ。面白いでしょ。間違いを認めず、ニクソンはこの国を悲惨な状態に引きずり込んだ——証拠が明るみに出て、彼が最初から隠し続けていた真相が明らかになるまで、二年にわたってね。事件が報じられたときに白状していれば、不法侵入事件に関しては許されたかもしれない。でも、巧妙に、人々を見下すように行った隠蔽については、許されなかったの」。ヴィクトリアが詳しく話していく。

「大統領として行う選択についてニクソンがどんな信念を持っていたかも、話しましょうか。いろいろわかることがあるから。一九七七年のインタビューで、デビッド・フロスト（イギリスの人気ＴＶ司会者）がニクソンに、『大統領が違法な行為をして問題はないのか』と尋ねたの。ニクソンの答えはこうよ。『大統領が行うなら、その行為は違法ではないということだ』。自分は法に勝る、とニクソン大統領は考えていたの！　ニクソンの観点からすれば、自分は大統領だから、不法侵入をしても何も問題ない。ゆえに、隠蔽に関しても何も問題はない、というわけ。

でも人間というのは、過ちを隠さないときもある――ごまかすの」

ヴィクトリアが先を続ける。

「ごまかすというのは、嘘をつくとか、正当化するとか、もっともらしい説明をすると言っても同じこと――そして、ニクソン大統領はそれをした。

ごまかすと、個人的責任を負わず、自分から他人へ責任を転嫁することになる。これがすごくうまい人は、言葉巧みに、よどみなく、説得力のある話をしてるわね――政治、法律、ビジネス、研究、宗教、社会のありとあらゆるところで。

責任を、自分から他人へうまく振り向けることができたら、間違いなんかなかったってことにできる。もう一つの選択肢としては、ミスを、一度きりの例外か、偶発的事故、あるいは異例の出来事と位置づけるという手もある。そうやって、正当化して自分の役目を取り払う、つまり、関わりを小さくして、もっと好意的に見てもらえるようにするの」

◆人は、間違うことを性格上の欠点だと考えてしまう

「学びの罠に落ちる二つめの理由は、間違うことが性格上の欠点として考えられてしまうこと。同じ間違いを何度も何度も繰り返すと、自分を違った角度から見るのが難しくなる。そして、その間違いが、とりわけ、何度も繰り返す間違いが、自分がどういう人間であるかを決定するかのように思えてくる。不完全なダメ人間というレッテルを貼られるように思えてしまうの。

言うまでもないけど、そんな方法で、自分という人間を正しく表現できるわけがない。私たちは、過去の選択を合わせただけの存在じゃない――それよりはるかに優れた、前途に無限の可能性を持つ存在。過去は、どれほど最近の過去であっても、過ぎ去ったものだわ」

新しい現実を生み出せるという考えに勇気をもらい、アレックスが目を輝かせてヴィクトリアに頷く。

「自分に厳しくなりすぎちゃだめよ、アレックス。あなたは、挑戦する意欲なしにはできない、大きな変化をしようとしているんだから。この変化が難しいのは、現代においては、自分がどういう人間かが過ちによって決まる、と考えさせられてしまうから。私たちは、自分

自身に対して、最悪の批評家になってしまっているの」

励ますように、ヴィクトリアはそう言った。

◆人は、自分のイメージを守ろうとする

ヴィクトリアが咳払いをした。

「間違うことに対する誤解が原因で学びの罠に落ちる、その理由の三つめは、自分のイメージを外の世界から守ろうとすることに関係がある。外の世界というのは、家族とか友人、職場の同僚、近所の人たちのこと。そういう人たちから、いわゆる世間向けの顔を守ろうとするの。

好印象のイメージを守ることは、まるで脳の回路に生まれつき組み込まれているかのよう。だから、間違いをごまかしたり、責任を誰かほかの人に押しつけたりすることが、本能的な反応として、こんなにもあちこちで起きるんじゃないかしら。じたばたあがいているところをみんなに見られたり、もっと悪い場合には、大きさや種類に関係なく何らかの間違いをしたことを知られたりしたら、他人から尊敬されなくなってしまうという不安につきまとわれているの」

ヴィクトリアの言葉に、アレックスは、長年にわたる職場での自分の状況を思い返さずに

いられなかった。営業部長として全くいい仕事ができなかった日はいつも、彼は誰とも口をきかず何の説明もせず、こっそりオフィスを出ようとした。帰宅後も、キムに話を聞いてもらおうとさえしなかった。日々職務を全うしなければならないというプレッシャーには半端ではない重さがあったが、とにかく務めを果たすほかない。結局のところ、彼は営業部長であり、チームのみんなに尊敬されていた。言い訳はいっさい、できなかった。

ヴィクトリアが先を続けた。

「好印象の自己イメージ――本当の自己と違う場合も多いけど――を演出せよという社会からのプレッシャーは、簡単にはねのけられるものじゃない。おまけに、その理想的なイメージを実現できなければ、私たちは自分を信頼できなくなってしまう。

現代に生きる私たちは、以前にも増して、自分にない特徴を持っているように見える模範的な人を探している。そういう人を、自分の理想だとするわけ。ところが、悲しいかな、そういう模範的な人にさえどこか足りないところがあって、私たちは手放しで崇めることができない。

間違いを認めることにはリスクがあるわ。凡人になってしまう、というリスクよ。人はみな、自分は一段上だ、比類ない存在だ、個性あふれる人間だと思いたいもの。もし、もはやそういう人間ではないんだって認めざるを得なくなったら、どこにでもいる、ごくふつうの人になってしまう。だけど、そんなふうに感じたい人なんていない。何としても、凡人に見えたり、何の個性もない人間に感じたりするのを避けようとする。あなたもそうなら、私の話がよくわかるはずよ……」

キラキラときらめく街の灯りを見下ろして、ヴィクトリアの声が一瞬、小さくなった。

ありがちなアプローチ

「ありたいイメージをめざして奮闘しているときにミスをしてしまった場合、ありがちなアプローチでは、何か別のこと、つまり自分が上手にできることをするように言われる。『人には必ず、生まれながらに持つ才能がある——あなたにはどんな才能があるだろう?』とね。私の言っていること、わかる?」ヴィクトリアが尋ねた。

「ええ、とても」とアレックスが答える。「今でもよく覚えていますが、中学生の頃、スケートボードで、ボビーにそういう才能を見せつけられました。どんな技でもできてしまうんです——それも、ほとんどすぐに」

そうだったわね、とヴィクトリアが笑みを浮かべる。

「最初は僕も、なんとかできるようになろうと努力しました。でも、ボビーみたいに楽々とできるようにはならなくて、別にいいや、できなくたって、と思っているふりをしました。ボビーはほんとにめきめき腕を上げていったんです! 仕方なく、僕はバスケットボールをやることにしました。ボビーが僕の気持ちに気づいていたかどうかはわかりませんが」。当時に思いを馳せながら、アレックスは話した。

　ヴィクトリアが肩をすくめる。

「難なくできることにさっさと乗り換えるという解決策を使うと、成長と進歩という当たり前のプロセスを、不当に扱うことになってしまう。才能がある、つまり天才だと私たちが思う人たちには、そんな当たり前のプロセスなんか関係ない、とも思ってしまう。だけどそれは違う。このプロセスは、誰もが必ず経験するものよ。マルコム・グラッドウェルの『一万時間の法則』について、詳しく知ってる？」

　アレックスが答える。「どんなことでも、一万時間練習すれば、その分野の達人になれる、という法則のことですか[*1]」

「そう。彼の『天才！　成功する人々の法則』（講談社）という本の中で、私がとくに気に入っているのは、ヴォルフガング・アマデウス・モーツァルトとビートルズのエピソード。どちらについても、ほとんどの人が誤解してる――彼らは生まれながらの天才で、さほど努力せずに才能を伸ばすことができた、と。

　でも、詳しく調べてみると、別の様子が見えてくる。

　モーツァルトは、六歳で作曲ができたけど、最高のコンチェルトをつくったのは、もっとずっとあとだわ。彼は一万時間取り組むのが、大半の人よりはるかに早くて、二一歳までに達成してた。でもとにかく、一万時間をかけたのよ。

ビートルズは――」

「最高ですよね、ビートルズ」。アレックスが笑顔になる。

「ええ、ほんとに。ロブも私もよく覚えてるわ――彼らは突然、アメリカの音楽界に現れ、一九六四年二月に、バラエティ番組『エド・サリヴァン・ショー』で演奏した。生まれながらの音楽の天才だ、と私たちは思ったわ。でも、モーツァルトと同様にビートルズも、爆発的に成功する前に一二〇〇回もライブ演奏をしていたの。[*2] たいていのバンドは、すべての活動期間を合わせても、そこまでライブをすることはない。ビートルズは、地道に練習を積み重ねて、世界的な成功を収めた。才能の問題じゃなかったの」

「ちょっと待ってください」。アレックスがさえぎって言った。「モーツァルトやビートルズが成功できたのは、懸命に努力したからにほかならないってことですか？　彼らには素晴らしい才能が、やっぱりありましたよ」

「私が言いたいこととちょっと違うわね。それについては少しあとでまた話すわ。それでいい？」ヴィクトリアが尋ねる。

「いいですよ」と、アレックスは肩をすくめた。

啓示的《エピファニー》ブレイクスルー

「アレックス、啓示的《エピファニー》ブレイクスルーで求められるのは、結果だけじゃなく、プロセスも評価すること。結果を手に入れるのに必要な努力は、実際に達成した結果と同じくらい重要なの。ところが今の社会は、最終的な結果にばかり頓着し、それを生み出すのに必要な努力のことは、無視したり最低限にしたりしてしまっている。

幼い子どもが歩き始めようとするときの話をしたわよね。子どもが初めて歩こうとしているときに、上手に歩けないかぎり、親が褒めたりご褒美をあげたりしないなんてことがあるかしら。だけど今、多くの人に対して、私たちはそんなふうに接してしまってる。素晴らしい結果でないかぎり、称賛しようとしない。努力や、プロセスや、進歩や、上達を称えることは、めったにない。

アスリートに対しても、そうでしょ。トレーニングを重ねる努力が、勝利ほどに、褒められたり認められたりすることはめったにない。褒めたり認めたりは、勝利という然るべき結果、つまり素晴らしい最終結果に対してしかなされないの。

だけど、安定的に結果を得たり進歩したりするためには、努力が欠かせない――勤勉で一貫した取り組みこそが成功を生むのだから。さらに言えば、努力を重ねる途中では、いくつもの間違いを必ずすることになる」。ヴィクトリアが詳しく話す。

かすかに苛立ちをにじませて、アレックスが言った。

「勝利を称えることの何がいけないのか、わかりません。練習を重ねても、勝たなければ、誰もアスリートを褒めませんし、それは社会的に容認されていることです。コートやフィールドでのプレーこそが重要なんです。あなたのおっしゃることには賛成しかねます。僕の経験では、結果を褒めることが結果を生みます。僕のチームにしたって、営業目標を達成しなければ、僕はポンと背中を叩いてチームを褒めたりしません」

そう言って、アレックスは腕を組んだ。

ヴィクトリアが心配そうな顔をした。

「それは、信条とするにはずいぶんと狭い世界観ね、アレックス。もちろん、別の見方を強制することはできないけど」

そう言って、深く息を吐き出す。

「とりあえず、説明を最後までさせてちょうだい。そのうえで、どう考えるか、あなたが判断を下せばいいわ。どう？」

「いいですよ」

素っ気なく、アレックスは答えた。この件に関しては、ヴィクトリアは完全に間違っている。きっと、アスリートやプロの世界に身を置いたことがないのだ、とアレックスは思った。

「オーケー。何年か前、私は心理学者のキャロル・ドゥエックの本を読んで、人生観が変わるくらいの衝撃を受けた。彼女は、努力を褒めながら子どもを育てる研究をし、その重要性を説いたの。実は、その本を持ってきたのよ。とてもいいと思う考え方をいくつか、あなたに聞かせようと思って。読んでもいいかしら」

アレックスはため息をついた。「ええ、どうぞ」

ヴィクトリアが、スーツケースから本を取り出し、ページをめくっていく。下線を引いていないページは、ただの一ページもなかった。

「ああ、これこれ」

咳払いをして、ヴィクトリアが読み始めた。

数百人の子どもを対象に七つの実験を行ったところ、かつてないほど明白な結果が得られた。子どもの知性を褒めると、動機に悪影響を与え、それによって成績も下がるのである。なぜ、こんなことが起きるのだろう。子どもは褒められるのがあまり好きではないのだろうか。いや、子どもは褒められるのが大好きだ。とりわけ、知性や才能を褒められると、とても喜ぶ。そして、自信を持ち、特別な輝きを放つようになる——ただし、つかの間である。思いがけない困難にぶつかったとたん、自信が消え失せ、意欲もしぼんでしまう。「頭がよいこと」が成功であるなら、失敗とは、「頭が悪いこと」になる。これが「固定思考」である。[*3]

ヴィクトリアがページをめくっていく。

「そうそう、ここも素晴らしいのよ」

そしてまた読み始めた。

知能や才能を褒めれば、ちょうど贈り物を与えるように、永遠に消えることのない自信を子どもに持たせることができる、と親は考える。だが、これはうまくいかない。それどころか、逆効果である。困難にぶつかったり何かがうまくいかなかったりするとすぐさま、子どもたちは自信をなくすようになるのだ。わが子に贈り物をしようと思うなら、困難に立ち向かい、何を間違ったのかを探究し、楽しんで努力し、学び続けられるように、教え導くのがいちばんだ。そうすれば、子どもたちは称賛の奴隷にならずにすむ。生涯にわたって、みずからの自信を育んだり回復したりできるようになるのだ。[*4]

ヴィクトリアは次に引用する箇所を探し、やがて指が、ある行で止まる。

「『どのような能力を持っていようと』」とヴィクトリアが読み始める。「『その能力を開花させ、成功へ変えるのは、努力にほかならない』[5]。私、この部分がとても好き。一万時間の法則について私が今話していることについて、太鼓判を押してくれてるでしょ。ビートルズには天賦の才があったし、モーツァルトにもあった。でも、たゆまぬ努力がなかったら、宝の持ち腐れになってしまっていたでしょう。

あ！　ここも聞かせたいわ！」

不意に、ヴィクトリアが大きな声をあげる。

「失礼。あと少しだから。この本には、いいことが山ほど書いてあるんだもの。これで最後よ。約束する」

そう言って、ちらりとアレックスを見る。

「『バスケットボールの伝説的な監督だったジョン・ウッデンは、次のように述べている――失敗を他人のせいにし始めるまでは、あなたは落伍者ではない、と。これはつまり、失敗から目を背けてしまわないかぎり、その失敗から学び続けることができるという意味である』[6]」

「失敗は、僕たちが歩む人生という道の一部にすぎない。そうおっしゃるんですね？」

ふたたびペンを手に取りながら、アレックスが尋ねる。

「もっと素晴らしいことに、間違いを失敗と考える必要は全然ないのよ、アレックス。間違うのは、単なるプロセスの一部だから。間違ったからといって、ダメ人間のレッテルを貼られることはない――ただし、ジョン・ウッデンの考えによれば、失敗から目を背けたり他人のせいにしたりした場合は違うわ。間違いをごまかさず、きちんと認めて、そこから学ぶなら、夢を実現する道から放り出されることはない――私たちは間違いなく実現できるの、、、、!」

ヴィクトリアがきっぱりと言った。

「人間は、自分の間違いに対する見方についても、他人の間違いに対する見方についても、パラダイム・シフトが必要になってる。ただ、人間というのは、自分の間違いについては、自分の意志に基づいて――つまり、するつもりだったことによって――判断しがちなのに、他人の間違いについては、その人の行動に基づいて――私たちが目にしたその人の行動によって――判断しがち。他人の意志を推測するのは、難しいものね。自分に対するのと同じくらい他人に対しても寛容になって、もっとおおらかな考え方を持ったら、この新しい見方を取り入れやすくなるでしょう」とヴィクトリアは話した。

アレックスは、熱心にメモをとっていた。最初は、ヴィクトリアがもたらす情報を疑っていたが、引用されたドゥエック博士の言葉を聞いて、見方が変わった。

「その本を見せてもらえますか」。手を伸ばしながら、彼は尋ねた。

「引用したページは角を折ってるわ」。そう言って、ヴィクトリアはアレックスが伸ばした手に本を渡した。

アレックスは、子どもの育て方も、営業チームに対する指導の仕方も、いかに的外れだったかに気がついた。努力を褒めたことが、一度もなかったのだ。まるで、称賛などめったにするものではないかのように、彼はずば抜けた結果のほかにはいっさい褒めることができなかった。ローラに対してもマイケルに対しても、手放しで褒めてきたのは、努力ではなく立派な結果ばかりであったことについて、悪いことをしたと彼は心底思った。だが、これからは、もう違う。

「そんなふうにメモをとっているところからすると、この会話を楽しんでくれているみたいね」。ヴィクトリアが察しをつけて言う。

アレックスは半ばふざけて、片手でノートを覆った。「まだわかりませんよ」

だが、すぐにこう言った。「いや、楽しんでいます。あなたのおかげで、また世界が広がりました」

ヴィクトリアの顔がぱっと輝いた。

「じゃあ、もう一つ、このことを知っておいてちょうだい。学びの罠に関して、今いるところから行き着きたいと思うところへ進むのに、きっと役立つと思うから」

「ぜひ教えてください」。素直に教えを乞う。

「オーケー、私のことを、からかったりしないでね。わかった？」こわい顔をして、ヴィクトリアがアレックスを指差す。

アレックスは軽く微笑み、銃を突きつけられたかのように両手を挙げた。ヴィクトリアが声を立てて笑った。
「知ってのとおり、私はエネルギーとかエネルギーの流れをすごく信じていて、心理学者のジム・レーヤーの本を愛読してきた。とくに好きな作品に、物語《ストーリー》について書かれているものがあるの。私たちが自分自身に語るストーリー。ナレーションと言ってもいいわ。彼はこう書いてる。『ストーリーこそが、自分の現実をつくる。実のところ、ストーリーは、現実に起きること以上に重要なのだ。ストーリーとはつまり、私たちがつくり、自分や他人に語る話のことだ。そしてその話が、この世界でやがて経験することになる現実を生み出す』[7]

　今のあなたがまさにそうだけど、大きな変化をしようとするときに、絶対欠かせないことがある。心の中で新しいストーリーをつくり出し、それと同時に、染みついている古いストーリーをシャットアウトする必要があるの」

「なるほど。先を続けてください」。ヴィクトリアの説明に、アレックスが言う。

「もし、あなたがこれまでどおりのナレーション、つまり『アレックスの古いストーリー』を信じ続けるなら、行動も今までどおりだし、求める変化がどんどん起きるなんてことも決してない。

　反対に、心の中で新しいナレーション、つまり『罠にかからなくなったアレックスのストーリー』を展開するなら、望むとおりの新しい行動がきっとできるようになる」

「おっしゃることはすごく納得できるんですが」。アレックスがためらいがちに言う。「『自分の古いストーリー』がすんなり新しいストーリーに生まれ変わるとは、ちょっと思えません。なぜって、僕はずっとこんなふうに生きてきたんですから。お話を聞いていると勇気が湧いてきますが、そう簡単に事が進むとは思えません」

ヴィクトリアが微笑んだ。彼女はアレックスのことをとても好ましく思っていた。アレックスは、勇敢さと不安、強い気持ちと怖れる気持ちとが、ないまぜになっている。劇的な変化を切望しているが、自分にその力があるのかどうか確信を持てずにいるのだ、とヴィクトリアは見て取った。

「アレックス」と、ヴィクトリアはあたたかな調子で語りかけた。「古いストーリーにしがみついちゃだめ。心の中の古いナレーションを改めないかぎり、行動も変わらない。大丈夫、あなたならできるわ！」

ヴィクトリアに信頼してもらえたことで、アレックスはつかの間、『新しいストーリーを紡ぐアレックス』になれると思うことができた。ようやく、微笑みを浮かべる。

「ありがとう、ヴィクトリア。そう言ってもらえて、とてもうれしいです」

「ジム・レーヤーの本によれば、これを成功させるためには不可欠なことが二つある。一つは心の中のおしゃべりを止めること、もう一つは内なる声を呼び覚ますこと。[*8] それから、新しい取り組みは何でもそうだけど、これもご多分に漏れず、きちんとできるようになるには練習が欠かせない。だけど、画期的で型破りな知恵だし、持続的な変化を起こしてくれるわ」。ヴィクトリアが詳しく話した。

「なるほど。古いストーリーに自分の考え方がどれくらい影響されてきたのかがよく理解できなかったんですが、進歩を妨げられていたんだということが、やっとわかりました」。アレックスが正直なところを打ち明ける。「一歩踏み出そうとするたびに、古いストーリーが頭の中で聞こえてきて、迷いが生じてしまっていたんです。でも今は、どんな力が働いているのかわかったので、誤ったナレーションが聞こえてきたら早々に追い払って、新しいストーリーに置き換えるようにします」

　この事実を知ったことによって、そして、そのことをヴィクトリアにはっきり言えたことによって、アレックスは、見るからにほっとした様子だった。

「よく言ったわ、アレックス。あなたは本当に呑み込みが早いわね」

　ヴィクトリアが続きを話し始める。

「人間が進歩できるかどうかは、日々の間違いから学び、成長できるかどうかにかかっている。そのことを、若いうちは教わり、信じてる――よちよち歩きの頃や、子どもあるいは若者である頃は。ところが大人になると、いつしか、この原則を見失ってしまう。どういうわけか、自分にもほかの人にも、ほぼ完璧であることを求める世界をつくってしまうの。でも、そんなのは現実的じゃないし、健全でもない。

　日々経験を重ねることによって、私たちは進歩し、成長し、向上していくことができる。

間違いから学ばず、それを無視したりごまかしたりしようとすると、自分の成長を妨げてしまう。進歩が滞り、同じ間違いを何度もしやすくなってしまうの」とヴィクトリアが話をまとめた。

アレックスはふと腕時計に目を落とした。今日も、もう三時間以上が過ぎている。これまでも、ヴィクトリアとその教えに感銘を受けてきた。だが、学びの罠についての今日の話は、衝撃的だった。過去においてどこで自分が間違ったのかがわかり、おかげで、自分の間違いを新たな角度から見られるようになった。そしてそのすべてが進歩の一部だった――今や彼は間違いから学べるようになったのである。言うなれば、考え方を根底から変えられたような感じだった。学びの罠は、単に課題を一つやり遂げさせるのではなく、人生、いや彼自身の人生に対する考え方について見直しを迫ったのである。

昔から、アレックスは間違いをしてしまうと、無視するか自己破壊的な行動をとるかに徹してきた。だが今は、この罠が及ぼす影響を理解することによって、人生に対して全く新しい見方ができるようになったことを実感できた。アレックスにとって、それはまさに飛躍的《ブレイクスルー》な前進だった。

「ヴィクトリア、この罠の話のおかげで、人生の真理がつかめたような気がします。お礼の言葉もありません。この学びを人生に活かせるようになるのが待ちきれない思いです。こういう形で教われたことも、とてもよかった」と、アレックスは気持ちを伝えた。

「私にとっても、人生観が変わるくらい意味のある経験なのよ、アレックス。あなたはスポンジみたいに、私が話すことを全部、吸収してる。よく考え、人生にどんどん変化を起こそうとするその姿勢は、ずば抜けていて、私のほうが意欲をかき立てられる。次に会って話すときが、本当に楽しみだわ」

「僕もです」とアレックスが言う。「ロスでの集まりはどうでした、ヴィクトリア。ロブの待つ海辺の家へ、早く帰りたいんじゃないですか」

「集まりは素晴らしかったわよ。それに、そうね、家に帰るのはうれしいわね」

そう答えて、ヴィクトリアが別れのハグをする。

二人は二、三カ月後に、今度はビデオ通話の形で、再会することにした。それからアレックスはヴィクトリアの部屋をあとにした。駐車場へ降りるエレベーターの中で、彼は赤いノートをひらき、書きとめたことを読み返した。

Trap5 ――学びの罠

▼この罠にかかってしまう理由

1　自分の選択に対し、責任を負わない。間違いを認めるよりむしろ、隠したり、嘘をついたりする。

2　間違うことを、学習プロセスの一部ではなく、性格上の欠点だと考えてしまう。

3　誰しも、他人に見せたいイメージがある。だが、欠点を見られてしまうと、そのイメージが、傷ついたり悪くなったりしてしまう。そのため、本能的にこのイメージを守ろうとする。

▼ありがちなアプローチ

あることがうまくできない場合、何か別のことをやってみる。望ましい結果がすぐ手に入らないときは、もっといい結果を出せることをして、失敗するのを他人に見られないようにする。

▼啓示的《エピファニー》ブレイクスルー

努力やプロセスを、最終的な結果と同じくらい、楽しみ、称える。間違いは、多くを教えてくれる。そのため、隠すのではなく、それから学ぶ。

アレックスは、過去と未来の間違いに対し、学びの罠によって教えられたとおりに対応するのが、待ち遠しくてたまらなかった。

アレックスは、今ではゴルフに行く回数がぐっと減り、週末だけでなく平日も、マイケルのサッカーの試合を見に行くようになった。マイケルは、所属するクラブチームのフォワードだ。好きで選んだそのスポーツの試合中、マイケルは自分をとことん追い込んでしまう。そのことを、アレックスは初めて知った。

ある試合の終盤で、マイケルが重要なシュートをなかなか決められず、監督にベンチに下げられた。マイケルはひどくイラついていた。結局、チームは一点差で負けた。試合後、アレックスは息子を励まそうとしたが、何を言ってもマイケルにとっては慰めにならない。車に乗り、あと数分で家に着くというとき、ついにマイケルが感情を爆発させた。

「ぼく、ほんとに、全然だめだった」

「パパは、なかなかいいプレーをしたと思うよ。五回もシュートして、どれもあとちょっとだったじゃないか。ただ、相手のゴールキーパーが鉄壁だった。おまえたちは二〇回くらいシュートをしたはずだ」

「うん、で、決まったのは二回だけ――サイテーだよ！」マイケルが悔しそうに言う。

「あのキーパーがうまかったのは認めざるを得ない。こっちのキーパーは、八回か九回シュートされ、そのうち三回ゴールを許した。向こうのキーパーほどには鉄壁じゃなかったかな」。アレックスがやんわりマイケルの発言を否定する。「ぼくがあと一ゴールを決めてたら、延長になってPK戦に持ち込めたはずだ。ぼくがあと二ゴールを決めてたら、試合に勝てた。それができなかったなんて、信じらんないよ」。わめくようにマイケルが言った。

「マイケル、いいかい。おまえはよくやった。今日は相手チームのほうがほんの少し調子がよかっただけだし、勝てたのはあのキーパーがいたからだ」

だが、マイケルは聞く耳を持っていなかった。

「ぼくはもうフォワードをやらないほうがいいのかもしれない。サッカーなんかもうやめたほうがいいのかも！　いちばん必要とされてるときにチームの役に立てないなら、チームにいる意味がないよ」

怒ったように、そう言い捨てる。

「監督に引っ込められて当然さ。ここぞというところでミスする奴だと、監督は知ってるんだ」

アレックスは耳を疑った。息子の基準が高いことは承知しているが、負けた責任がすべて自分にあると考えるのは行きすぎだ。だが、マイケルがそんな反応をするのは、間接的に自分の影響があることに、アレックスは気がついた。アレックス自身が、それまでずっと、勝敗がどうあれ、とにかく結果にばかり目を向けていたからである。プロセスを重視したこと、つまり息子が、シュートを失敗したり試合に負けたりといった経験から学び、成長するのを後押ししたことが、全くと言っていいほどなかった。

思えば、マイケルがサッカーの試合から帰ってきたとき、アレックスは二つの質問しかしたことがなかった。「勝ったのか?」と「何本シュートを決めたんだ?」である。マイケルが「負けた」と答えると、アレックスはいつも、「なんだ、勝てなかったのか」と応じた。一ゴールも決められなかった、とマイケルが言ったときには、「ふうん、残念だったな」と返すのが常だった。マイケルの進歩について、つまり、今どんなテクニックの習得に取り組んでいるかについて尋ねたことは、一度もなかった。大切なのはいつも、最終的な結果、ただそれだけだった。

ドライブウェイ(自宅の私道)に入って、アレックスは言った。

「このことを知っておいてくれ。パパは、おまえのことも、おまえがどんどん上達していることも、誇りに思っている、と」

「あ、そう。ぼくがうまくなってるかどうか、気にしてくれたことなんかあったっけ」

大声でマイケルが言う。そして、バタンと車のドアを閉め、ものすごい勢いで部屋に入っていった。

「どうしたの、マイケルは?」ローラが聞く。

「試合で負けた」とアレックスが答える。

「スコアは？」

「三対二」

「マイケルはゴールを決めたの？」

「いや」とアレックス。

「ふうん、残念だったわね」。ローラが言った。

このやりとりの皮肉に、むろんアレックスが気づかないわけがなかった。

数時間後、マイケルが少し落ち着いた頃を見計らって、アレックスは、今日の試合について話をすることにした。

マイケルの部屋のドアをノックする。「マイケル、ちょっといいかい」

「いいよ。何？」マイケルは、元気を取り戻した様子だ。

「謝りたいんだ。おまえがサッカーをするのを、これまで応援してこなかったこと。試合もほとんど見に行ってなかった。それにパパは結果のことしか尋ねなかった。だけど本当にじっくり聞かなきゃいけないのは、おまえがサッカーのどんなところにいちばんやりがいを感じるか、どんなことを学んでいるか、どんな経験をしているかってことだ。これからは改めたいと思ってる」。穏やかに、アレックスはそう話した。

「勝ち負け以外のことを、急に気にするようになったんだね。変なの。今になって、どうして？」マイケルが尋ねる。

「おまえの努力や進歩を大切にしていなかったことに気づいたからだ。サッカーについておまえがどんな目標を持っているのか、それを達成するのにパパはどんなふうにサポートできるのか、詳しく聞きたいと思ってる」

「なんか、すごく賢い大人になってきたね、パパ！」マイケルがからかう。

「まだなってないよ、マイケル。そうなりたいわけでもない。正しい方向に向かっているといいな、とは思ってるけどね。

それに、こんな素晴らしい考えを自分で思いついたなんて言うわけにはいかない。ヴィクトリアが、子育てに関する意義深い研究のことを教えてくれたんだ。

その研究によると、こうだ——最近の親は、結果に関しては子どもをべた褒めするけど、成功と失敗を繰り返す中でする進歩や成長については称賛できていない。だが、プロセスをこそ褒めなきゃいけない。でないと、人生につきものの壁にぶつかったとき、こんなふうに悪戦苦闘しているなんて自分は『落伍者』だ、と子どもが自分にレッテルを貼るようになってしまう。だけど本当は、悪戦苦闘しているときにこそ、学びがあり、成長できるんだ」

と、アレックスは詳しく話した。

「面白いね」。マイケルが言う。

「つまりマイケル、おまえは、チームの勝利に貢献できないからサッカーをやめようと思うと言ったけど、それは、こう考えるのが当たり前になってしまっているからなんだ——勝つことがつまり成功である。必然的に、負けることはつまり失敗である、と。だけど、人生はそういうものじゃない。いつも勝てる人なんていない。最高のチームでさえ、負けるときがある。実際、数え切れないほど負けて、ようやく、たくさん勝てるようになるんだ」

マイケルが黙って頷く。

「父親として、サポートしたいと思ってる——おまえがプロセスを、そしておまえ自身の成長を、もっと大切にできるように。行動の仕方を変えることになるし、そうできるようになるには練習が必要かもしれない。パパは、パパ自身がそういうふうに育てられたために、結果がすべてという姿勢をおまえに受け継がせてしまった。でも、そういう姿勢がおまえにとってプラスにならないことが、今はわかる。うまくいかないときがあっても、そのために、目標や大好きなことをあきらめちゃだめだ、マイケル。障害に見えるものは、目標に近づくための足掛かりにできるんだ。

ヴィクトリアはこんなことも教えてくれた。一般にいいと言われる、ありがちなアプローチではこう考える——あることが必ずしも抜群にできるわけではないなら、楽々とできるほかのことに切り替えるべきだ、と。自分の弱さを他人に見られないようにする、つまり、間違ったり非難や否定をされたりすることから離れるわけだ。

これに対して、啓示的《エピファニー》ブレイクスルーでは、間違うことや悪戦苦闘することを、人生という旅のなくてはならない要素だと考える。それらは、学びに満ちていて、僕たちが前進するのを後押ししてくれる。今やっていることをやめて、もっとたやすくできることに切り替えるべき理由なんかじゃない」。アレックスはそう説明した。

「だけどぼく、何でもきちんとできないとイヤなんだ」とマイケルが訴えた。

「うん、知ってる。それはおまえに完璧主義のところがあるからだ。こういう考え方に沿って生きてるってことだよ――完璧にできないなら、いっそやらないほうがマシ」

「何かにつけて、そういう考え方をしてるってこと？」マイケルが聞く。

「そのとおり」とアレックスが強く頷く。「おまえは、自分が完璧主義者であることに立ち向かっていかなければならない。パパは、なんとかして、自分の間違いを受け容れ、許せるようにならないといけない。

　ヴィクトリアの話では、おまえもパパも間違った思い込みをしている。そして、大勢が同じ思い込みをしている。今の時代は、多くのことが、こういう間違った考え方に基づいて動いてしまっているんだ」

　アレックスが悲しげな表情を浮かべて、マイケルの目をじっと見つめた。

「思うようなプレーが試合で全然できなかったからって、サッカーをやめてしまわないでほしいな。おまえは、試合のたびに、経験を積んでうまくなってると思うし、おまえがいなくなったら、チームは本当に困ってしまうだろう」

「サンキュー、パパ、そうだよね……サッカーをやめるつもりはないよ。ただ、負けたことと、あのキーパーからゴールを奪えなかったことが、本当にショックだったんだ。マジですごいキーパーだったよ！　ぼく、自分をあんまり責めないようにするよ」。ほんとに脱帽だった、という顔でマイケルは言った。

「『スター・ウォーズ』の賢明なジェダイ・マスターが、若いパダワンに言ってただろう？『やってみる、だと？　そんなものはない。やるか、やらないか、だ。やってみるなんて、冗談じゃない！』」ヨーダの声を真似て、アレックスが言った。

マイケルが声を立てて笑い、枕を父親めがけて投げた。「じゃあ、パパはジェダイ・マスターなのかあ！」

アレックスは微笑むと、ドアを閉め、夕食をつくりに行った。

今晩はミートボール入りスパゲッティだ。ゆでたスパゲッティの湯切りをしながら、アレックスはマイケルとの会話を思い返した。マイケルが話をすんなり受け容れ、こんなに早くショックから立ち直ってくれたことに、ほっとする。子どもというのはあっという間に回復するものなんだな、とアレックスは思う。

自分を含めたあらゆる人のことを、完成への道半ばにあると考えるのは、道理だった。そのように考えれば、誰に対しても、もっと広い心を持ちやすくなる——彼に対してみんなに持ってほしいと望むのと同じだけの、広い心を。

あのゴージャスな車を売ってから、アレックスとキムの間にある扉はずっとひらいている。あれ以来、子どもたちのことについて話し合うために、二人は短時間ながら毎週のように話をしてきたのである。一歩前進したことは間違いなかった。ただ、電話で話している間、アレックスは、別居の原因である自分の行動や責任について、相変わらず弁解がましいことを口にしていた。それに対するキムの反応も、やはり相変わらずだった。

だが、ヴィクトリアと話して学びの罠を詳しく知ったあとの、今夜の電話では、アレックスは気持ちの持ち方がそれまでとまるっきり違っていた。そして、弁解がましいことを並べるのではなく、長年自分が間違っていたことを、とりわけ別居という事態を招いたのが自分のせいであることを、認め始めた。「どんな弱さも見せてはならない」というモットーは、フットボール・チームにとっては全くそのとおりだが、自分が生きていくうえでは役立たないことに、アレックスは気づいたのだった。

「キム、あっと驚くことを、この前、ヴィクトリアに会ったときに教わった。間違うことの意味について、そして、間違ったときの対応を僕たちが誤っている理由についてだ」

「あら、興味をそそられるわね。詳しく聞かせて」

「ヴィクトリアはこう説明した――『間違いが人生の中で果たす重要な役割を、僕たちは理解できていない。間違いを認めて、そこから学ぶのではなく、隠したりごまかしたりしようとしてしまっている』」。アレックスが話す。

「それで？」とキム。

「このことを教わったおかげで、僕が、結婚してからずっと、自分の至らないところを認めず、間違いを隠したりごまかしたりしようとしてばかりいたことがわかるようになった」

アレックスの言葉に、キムは全神経を集中させていた。「続けて」と先を促す。

「僕が間違いを犯し、そのせいで別々に暮らす結果になってしまったことを謝るよ、キム。ごめん。僕を許し、やり直すと言ってくれたら、うれしい」とアレックスは言った。

「あなた、ほんとにすごく考え方が変わったのね」。キムが感想を述べた。

「うん、別人と言ってもいいくらいに」。アレックスが答える。

「子どもたちの話だと、習慣と優先順位をすっかり変えてるんですってね、アレックス。これからもずっとそうだったらいいんだけど」

疑わしげに、キムはそう言った。

Trap6 ――キャリアの罠

アレックスは、仕事で素晴らしい結果を出し始めていた。焦点《フォーカス》の罠を話し合ったときに教わった啓示的《エピファニー》ブレイクスルーを取り入れることによって、以前より大きな影響をもたらし、みんなのやる気を引き出すリーダーシップを発揮するようになった。最重要の優先事項に集中することもできるようになった。にもかかわらず、心の奥底に不安が巣くい、仕事における感動が欠如していることを否めなかった。

次から次へと変化を実践しているために、仕事の質が向上したが、相変わらず過小評価されている気がしてならない。自分を変え、焦点《フォーカス》の罠を抜け出してから、充実感は増しているものの、仕事に対する情熱は、もうだいぶ前から薄れてきている。働くうえで自分に最も欠けていると思うのは、仕事をする意味だった。率直に言って、のちのちまで続くどんな貢献を、自分はしているのだろう？　クライアントとの協働は楽しく、きわめて好意的な評価も寄せてもらっている。だが、仕事をしていて情熱を感じたりわくわくしたりすることが、アレックスはほとんどなくなっていた。

子どもの頃からずっと、アレックスは起業家になるのが夢だった。上司に管理されるのは面白くない。進むべき道は自分で決めていきたいと思ったのだ。

年齢を重ねるにつれ、独立したいというこの夢が頭から離れなくなった。営業担当として、ある程度の自由裁量を与えられているものの、上司と会社に、彼らが最も望むもの――さらなる売上――をもたらすための道具であるような気がしてならない。つまり彼は、目的達成のための手段にすぎなかった。

営業部長というのは、成功を短期間しか記憶してもらえない職だということにも、アレックスは気がついた。前年や前四半期がどれほど素晴らしかったかは重要ではなく、的は必ずこんなふうに絞られるのだ。「今月、きみは私のために何をしてくれるつもりだ？　今週はどうだ？」会社のリーダーたちのそうした短期的なものの考え方に、アレックスはうんざりしていた。

キャリアを積み始めた頃は、どんなポストに就いても長くはとどまらないようにしようと心に誓っていた――ある程度経験を積んだら、起業する心積もりだったのだ。ところが、退職を考えると、そのたびに、昇進や昇給を提示された。給料が上がると、並行して娯楽や旅行が増え、支出と、そして負債も増えた。多額の金銭的債務を抱えてしまったため、もはや会社を辞めるわけにはいかなくなった。自力で起業するだけの蓄えも全くなかった。

専門的な仕事をするようになった頃、四〇代～五〇代の幹部社員に、仕事の満足度についてインタビューしたことがあった。その結果わかったのは、半数の人がやりがいを覚えているが、あとの半数は惨めな状況にあるということだった。

やりがいを感じていない人には共通点があることもわかった。ある時点、多くは入社後一〇年くらいの頃に、みな見切りをつけてしまっていた。経済的に今よりよくなることは残念ながらないと認め、夢もあきらめてしまっていた。ひとことで言うなら、現状に甘んじてしまっていた。

アレックスは、前の会社にいたときのことを思い出した。営業部の統括責任者が、現役を退こうとしていたときのことである。アレックスは、八人いる営業部長の中で当時最もよい成績をあげており、後任の最有力候補だと目されていた。だが、会社を辞める機会にできる、ともアレックスは思った。実は、友人のティムに、一緒に起業しようと誘われていた。実現すれば、二人は対等な共同経営者に、そしてアレックスは、ずっと夢見てきた起業家になることができた。

一方で、新しい役職も、たまらなく魅力的に思えた。勤め先の会社で、営業部長のトップになれるのだ。だが、給料が上がり、権限が強くなれば、それに伴って、責任と重圧も増すことを、アレックスは知っていた。さらには、自分が会社の稼ぎ頭になる――すなわち、会社にこき使われる――だろうということも、知っていた。

アレックスは、抜群の営業成績をあげており、今の仕事をするのに申し分ない力を持っていたが、一方で、自分の創造力を高めたいと思っていた。また、起業家にしかできないこととして、事業をいちから経営したいとも思っていた。だが、この件に関して、アレックスは積極的に行動できていなかった――リスクが高すぎる気がしたのだ。結局、アレックスは会社にとどまり、新たな統括責任者の役を引き受けた。残念ながら、長い間とはならず、まもなく会社が倒産し、彼は仕事も収入も失った。一方、ティムが立ち上げた会社は、勢いに乗り始めていた――。

アレックスの胸に、チャンスを逃した喪失感が広がる。しかしながら、彼は今、強烈な自責の念も無念さも感じることなく、さまざまな失敗にしっかり向き合おうとしていた。もっともらしい言い訳をすることも、正当化することも、もはやない。自己弁護に走ることもなかった。

その晩、平穏無事に仕事を終えて帰宅したアレックスは、ヴィクトリアとの初めてのビデオ通話に臨んだ。彼は知るよしもなかったが、その日ヴィクトリアが話そうと思っている罠は、実に時宜に適っていた――ちょうど、ハワイで一つめの罠を話し合ったときがそうだったように。

コンピュータの画面を通じて向かい合うのは、同じ空間で会話をするのと比べて、なんだか変な感じだった。にもかかわらず、アレックスはヴィクトリアと早くまた話したくてたまらなかった。

「問題なく接続できているようね、アレックス。私の声、ちゃんと聞こえる?」ヴィクトリアが尋ねた。

「ええ、はっきりと」。アレックスが答える。

「よかった!」ヴィクトリアがにっこりする。「始めていいかしら。例のノートも用意できてる? あなた、きっとこの罠に興味を持つと思うわ」

「詳しくお願いします!」アレックスもにこっと笑って言った。

「六つめの罠は、選んだ職業に対する情熱や取り組み方が軸になる」

「仕事に『情熱』と言われても、ちょっと困るんですが」。冗談めかして、アレックスが言う。

「それはなんとなく想像がついてたわ。ただ、あなただけじゃないから。現代の人々は、以前にも増して、わくわくもドキドキもしない仕事に甘んじるようになっているの。

彼らは、夢中になれてない。仕事が楽しいわけじゃないけど、経済的に依存しすぎてしまっているから、やめることができない。やがて多くの人が、第六の罠、つまりキャリアの罠に呑み込まれていく」

ヴィクトリアが説明する。

「どこかで聞いたような話かしら」

「まさに僕のことです」とアレックスは言った。まるで、ヴィクトリアは彼の心が読めるかのようだ。

「従業員のやる気のレベルに注目した会社が突きとめたのは、社内で意欲がほとんど感じられなくなってるってこと。どうしてこんなことが起きたのかしら？」

「理由なら、いろいろ思い当たります」とアレックスが答える。

「私、意欲が失われていることについて、山ほど論文を読んだの。実は、この問題はアメリカだけじゃなく世界中で起きてる。あらゆるレベルの職場で起きていることも、論文という論文で述べられてる。この問題のために、会社は毎年、莫大なお金を注ぎ込んでるけど、いまだに解決されないまま。というより、ほとんどがいっそう深刻になってる」

「おかしいとは思いますが、一方で、驚くことではないですね」。アレックスが感想を述べる。

「仕事にわくわくできなくなると、意欲が失われる」とヴィクトリアが言う。「仕事を目的達成の手段としか見なくなり、こう思うようになる。この会社にいるのは、もっといい仕事が見つかるまでだ、と。

ところが、やがて慣れてラクになり、その会社に落ち着いてしまう。昇進か昇給、あるいは両方をする。結婚し、家を買い、子どもが生まれる。知らぬ間に、毎月の固定費や借金のために、仕事に依存するようになる。気がつけば、身動きがとれなくなってる――わくわくできない仕事なのに、やめるわけにはいかないの。

さらには、不安も抱えるようになる。転職したら、また、いちから始めなければならなくなるという不安。新しいことを始めるには遅すぎるんじゃないかという不安。経済的に行き詰まるんじゃないかという不安。本当にやってみたい仕事をするための技術や知識やノウハウが、自分にはないかもしれないという不安――。あなたは、そういう不安を感じたことがないかしら?」

ある、という答えが返ってくることを知りつつ、ヴィクトリアが尋ねる。

アレックスは、椅子に座り直し、画面の向こうのヴィクトリアと視線を合わせた。

「まさにそんなふうに、長年思ってきました。起業家になるのが、昔からの夢なんです――誰からも指図されずに仕事をするのが。実現したいと思うアイデアや事業もたくさんあります。

一方で、今の仕事がけっこう、うまくいっています。高収入を得る必要があったので、コンピテンシー(抜群の成果をあげるのに必要な能力)も高めてきました。でも、楽しいと思ったことはありません。今なら、この仕事を選ばないでしょう――選んだのは、家族を養うためでした」

アレックスが話を続ける。

「ご存じのとおり、僕の問題は、稼ぎの範囲を超えた暮らしをしてきたことです。収入が増えると、支出も増えました。もっといい家に移る必要がありました——洒落た、もっと広い家に。高い金を出して高級車を手に入れました。ＩＴ機器も最新モデルを買いました。これらすべてを、僕はどうしても欲しいと思いましたし、今すぐ手に入れないと気がすみませんでした。僕は、実りある将来のために目先の欲求を我慢するのが、得意じゃないってことですね。借金が増えれば増えるほど、僕はいっそう、今の仕事に甘んじ、依存するようになりました」

ぼやくように言う。

「アメリカン・ドリームを追いかけているつもりでしたが、率直に言って、今や悪夢です」

アレックスは大きなため息をついた。

「僕がいちばん不安に思うのは、失敗するかもしれないということでも、遅すぎるかもしれないということでもありません。今の仕事をやめる経済的余裕がないことです。債務と月々の固定費と借金がとても多いんです。失業してすぐに新しい仕事に就かなかったら、破産を宣言しなければなりません」

「それだけの重荷を背負って生きるのは、しんどいことね」。ヴィクトリアがアレックスの心に寄り添うように言う。

「ずっと、そうでした。でも、あなたのおかげで、僕の世界は変わり始めています。借金が減り、経済的に自由になる道がようやくひらけてきました」

「わくわくしているのが、声にも表れてるわ。詳しく聞かせてちょうだい」

「隣の芝生が青いのは知っています。新しい仕事にだって、困難や負の部分があることも承知しています――でも、思いきって自分の会社を立ち上げたら、仕事でずっと感じられずにいたわくわくする気持ちを、ついに得られると思うんです」

「そういう行動を起こすつもりなら、私が今日伝えようと思っている考えを、すんなり理解できるわ」とヴィクトリアが言った。「今の仕事に甘んじ、やめられなくなる理由は三つあるの。詳しく知りたい？」

「ええ、とても」。アレックスがにっこりする。

「オーケー。一つは、仕事に対して、経済的に依存していること。二つめは、職場環境がつまらないこと。そして三つめは、キャリアのコンフォート・ゾーンに陥っていること」。ヴィクトリアがまず要点を述べる。「じゃあ、一つひとつ見ていきましょう」

◆経済的依存

「大半の人の場合、仕事によって収入を得なければ自分や家族の生活に差し障《さわ》るけど、依存しすぎるのは避けなければならない。仕事をしてお金を稼ぐことは大切よ。でも、それが働く主な理由になってはいけない」

ヴィクトリアが説明する。

「金銭的に仕事に依存しすぎてしまうと、ほかの貢献がダメージを受けるの」

「『貢献がダメージを受ける』というのは、どういう意味です?」職場での自分の貢献を思い返しながら、アレックスが尋ねる。

「仕事にあまりに依存すると、用心深さが度を超し、リスクを避けるようになってしまうってこと。会社の文化にそぐわない考えを言ったり提案をしたりしたら、上司を怒らせてしまうんじゃないかと不安に思うようになるの。

理由はね、仕事を失うのが怖いから! そのせいで、目立ったり、他人と違う考え方をしたり、異議を唱えたり、議論したりすることができなくなる。

だけど、私たちが安全第一で行動するとき、会社が雇っているのは最高の私たちじゃない。迎合する私たちよ――波風を立てたり、現状に異を唱えたりしようとしない私たち。でもそれは、職場でありたいと思う自分の姿じゃない。

雇い主である会社は、社員が自分の力を最大限に発揮することを期待してるでしょ――最高の考え、アイデア、考え方、手法、提案、そして努力を。社員が安全第一で行動することにしたら、社員自身も、そして会社も、ダメージを受ける。そういう社員がわずかなら、会社にとって別に問題はないかもしれない。でも、三〇か四〇、あるいは五〇パーセントの社員がそうだったら？　会社の生産性がどれくらいダメージを受けるか、わかる？」

問われて、アレックスが答える。

「わかります。僕の会社がいい例です。今、三〇～四〇パーセントの社員がまさにそんなふうに行動しているように思います。かく言う僕も、少し用心深くなっていることを否めません。失業したら、収入を失い、借金返済の望みが絶たれてしまいますから。そんなことになったら困ります。今すぐは、とくに」

「私が付け足すことはなさそうね」

ヴィクトリアが、二つめの理由に進むわね、と微笑んだ。

◆つまらない職場環境

「キャリアの罠に陥るのは、すべて従業員自身の責任だと言うとしたら、恐ろしく公正さを欠くわね。実際には、会社にも罪があるの」。ヴィクトリアが言う。

「どういうことですか」

「現代の会社は、社員が力を発揮せず凡庸になるように、構造化され、調整されていることが多いの」とヴィクトリアが答える。

「いったい、何のために？」困惑して、アレックスが聞く。
「意図的にしているわけじゃない。ただ、注意しなければ、自然にそうなってしまうの。会社が大きくなると、より多くのマネジャーが雇われ、組織が複雑になり、規則や方針がたくさんつくられる。それ自体は本来、悪いことじゃない――会社はふつう、成長に伴うあれこれに対処する必要があるもの。

問題なのは、形式的な構造によって、社員の創意工夫や創造力が奪われてしまうこと。率先して行動する、問題解決力の高い社員が、破壊的だと見なされてしまうの。たいていの場合、社員のアイデアや提案を取り入れて活かす仕組みを整えられていないのよ。

社員が提案するアイデアは、会社の文化に反していることが少なくない。そういうアイデアは、たとえ現行のものより効率的で効果的だったとしても、却下されてしまう。これが何度も起きると、創造力あふれる社員は、提案するのをやめてしまう。アイデアに耳を傾けてもらえず、採用されたり褒められたりするなど望むべくもないなら、なぜ話そうと思うかしら。残念ながら、これが多くの会社の現状であり、深刻なレベルで意欲が失われてしまっている理由なの」

ヴィクトリアはそう説明した。

「ナンセンスとしか言いようのない状況ですね」とアレックスが言う。「ただ、経験から言って、事実であることは認めざるを得ません」

◆キャリアのコンフォート・ゾーン

「キャリアの罠に落ちる理由のうち、あなたには三つめが、いちばん関係がありそうね、アレックス。

多くの人は、あなたと同じで、今の仕事を長く続けようとは思ってない。ところが、短期間のつもりで選んだ仕事が、長期にわたる現実になり、結果として、仕事に関する夢をあきらめることになってしまってる。数カ月が数年に、数年が数十年になることもある。気がつけば、熱望したわけではない仕事に、社会人としての人生をすべて費やしてしまっているのだけど、どういうわけか、慣れてラクになり、安住してしまう」

「ええ――まさにそれが僕の問題です」とアレックスが頷く。「ただ、僕はまだ、社会人として人生の中ほどにいます。なので、変わるための時間があります」。そのとおりだとヴィクトリアが力づけてくれることを期待しながら、アレックスが言う。

「もちろんよ」とヴィクトリアは微笑んだ。「ジョン・レノンがこう言ってたわね。『人生とは、あれをしよう、これをしようと忙しく計画を立てているうちに、いつの間にか過ぎてしまうもの』。まさにそんなふうに、人生は進んでいく。ふと目を上げると、いつの間にか、定年退職の日が目前に迫ってる！　この仕事をずっとするつもりなんか、全くなかったのに。でも、それが現実。

たった一度の素晴らしい人生をどう生きるか、慎重に、真剣に考えないとだめよ！　風と潮の流れに翻弄されるがままにならないこと――休暇でハワイにいるときは、もちろん別だけど」。ヴィクトリアが微笑む。「でないと、自分の人生を思いどおりに生きられなくなってしまうの」

ありがちなアプローチ

「一般によいとされている方法は、これ。得意なことに専念しなさい、そうすればあとはすべてうまくいく」

ヴィクトリアが説明を続ける。

「このアプローチで問題なのは、一生をかけてする仕事の一つの側面だけ、つまり、情熱をもって取り組めるという点にしか目を向けていないこと。

そんなアプローチで仕事を選んでしまったら、コンピテンシー（抜群の成果をあげるのに必要な能力）が高められることはない。意欲をかき立てられ、魅了されることもないかもしれない。そんな仕事では、必要なもの、ましてや欲しいものを買うだけの十分なお金を稼げないかもしれない。

仕事で情熱を持つのは大切だけど、そのことしか考えないなら、視野が狭くなりすぎてしまう。一生をかけてする仕事の、ほかの重要な側面を考慮できていないの」

啓示的《エピファニー》ブレイクスルー

「一生をかけてするにふさわしい仕事かどうかは、四つの側面、つまり収入、アイデア、情熱、目的意識から判断する。

四つ全部に適う仕事をしているなら、自分の人生をしっかり歩めてる。でも、実際には、四つのうち一つか二つの側面しか考慮されていないケースが少なくない。

給料は悪くない、あるいはかなり高額だけれども、自分のカラーを出すなと言われたり、魅力を感じられない仕事なら、どんなに努力しても成果を得ることはできない。やがては、虚しさだけが募ることになる――手枷《かせ》足枷をはめられ、息が詰まりそうになって、不満を覚えるようになるの！　壁にぶち当たったような感じ。体は職場にあるけど、心はとうの昔に離れてしまってる。

そういう状態に、驚くほど多くの人が陥ってしまっているのよ」

ヴィクトリアは大仰に言い、先を続ける。

「だけど、そんな状態になる必要なんかないの。重要なのは、四つの側面に適う仕事かどうかについて、次の四つの問いに答えること――適正な報酬を得ているか。自分のアイデアが、尊重されている、あるいは建設的に活用されているか。情熱をもって仕事に取り組めているか。目的意識を持っている、あるいは貢献をしているか」

「道理で、今の仕事状況がずっとしっくりこなかったわけですね。僕は情熱と目的意識を、完全に無視してたんです！」アレックスが言った。

「それは間違いなさそうね。四つ全部に適っていることは、仕事で充実感を覚え続けるために、絶対欠かせない。四つの問いにすべて『イエス』と答えるなら、あなたとあなたの仕事は調和していることになる。でも、すべて『ノー』なら、あなたの心はもうそこにはないでしょうね！」

「自分がどう答えるかは、わかっています……」。アレックスの声が小さくなる。「今の仕事はどう考えても、自分に合っているとは言えません。何が欠けているのか、やっとわかりました」

「職場にいて、意欲と充実感を持てるかどうかは、ここが分かれ道」とヴィクトリアが指摘する。「従業員に対し、仕事に全力で臨んでもらいたいと思うなら、会社は、一生をかけてするにふさわしい仕事かどうかの判断材料となる四つの側面すべてについて、従業員が『イエス』と答えられるよう努力する必要がある。ところが、このことを、多くの会社のリーダーがまるで理解できてない。十分な給料を払えば、真剣に取り組んでくれると思ってるんだけど、そんなことはめったにない。

部下が会社を辞めるのは、たいてい、上司の対応が原因ね。言い換えるなら、部下のほうが上司をクビにするの。仕事がつまらない、ありきたりでわくわくできない、と思って辞めることも多い。自由度が低く、最善だと思うことができない、という理由のときもある。まるで会社はみずから育てているみたいよね――意見が歓迎されず、新しいアイデアが即座に却下される環境を。だけど、そんな環境では、進んで行動しようという姿勢がつぶされてしまう。これ、あなたも経験したことがあるんじゃないかしら」。ヴィクトリアが尋ねた。

「そのとおりのことを経験しました。前向きに言っても、息の詰まるような環境です」。アレックスが言う。

「社員が持つ可能性をどうすれば引き出せるかを、多くの会社が理解していない。そんな会社は、グローバルな市場で長期にわたって戦うことはできない。人間の創造力と適応力を活用しないために、生き残ることができないの」。ヴィクトリアはそう話した。

「不況のときに勤めていた会社の状況が、まさにそうでした」とアレックスが言った。「運が悪かったのだと軽く考えて片づけてましたが、今の話のほうが納得がいきます」

「ひとこと、言ってもいいかしら」。さえぎるように、ヴィクトリアが聞いた。

「もちろんです」

「四つの問いを三カ月ごとに自分に投げかけ、常に正直に答えようと努めるなら、自分と仕事のミスマッチを避けることができる。実際問題として、あなた、これを実行できるかしら」

アレックスはじっくり考え、そして答えた。「実行します。必ず」

「その意気よ！」

目を輝かせて、ヴィクトリアが言う。

「とても好きな、スティーブ・ジョブズの言葉があるの。『与えられたこのチャンスにおいて、われわれはそれほど多くのことができるわけではない。けれども、どの人のチャンスも、輝きに満ちていなければならない。なぜなら、チャンスとはつまり、自分の人生だからだ。やがて死を迎えるまで、人生なんてあっという間だ[*1]』」

「時間切れになるまでわずかだ」という、不安をかき立てる考えについて、アレックスは思いをめぐらせる。黙り込んでいると、ヴィクトリアが深いため息をつき、続きを話し始めた。

「つまりこういうことよ、アレックス。あなたはあなたの人生を生きるべきだし、運命も自分で切り拓かなければならない。あなたは、四つの側面すべてにきちんと適う仕事を――自分の素質や才能を発揮し、活かせる仕事を選ぶのかしら。それとも、そうではない今の仕事に、これからも甘んじていくのかしら」。迫るように、ヴィクトリアが問う。

「さっきも言いましたが、自分を変える覚悟はできています。これ以上、成長も変化もない仕事を続けるつもりはありません！」
アレックスは、赤いノートに目を落とし、話のポイントを書き漏らしていないことを確認した。

Trap6
キャリアの罠

▼この罠にかかってしまう理由

1　仕事で得る収入に、経済的に依存している。
2　職場環境がつまらない。自分の力を最大限に発揮できない。結果として、情熱とわくわくする気持ちを持てないのに、その職場に甘んじてしまう。
3　短期間のつもりで選んだ仕事を長期にわたって続けてしまい、キャリアのコンフォート・ゾーンに安住している。

▼ありがちなアプローチ

得意なことに専念せよ、そうすればあとはすべてうまくいく。

▼啓示的《エピファニー》ブレイクスルー

一生の仕事としてふさわしいかどうかの判断基準となる四つの側面――収入、アイデア、情熱、目的意識――のすべてに適う仕事をせよ。

アレックスは、ノートに書いたことを、声に出して読んだ。聞き終えたヴィクトリアは、身じろぎ一つしない。アレックスがノートから目を上げると、ヴィクトリアが誇らしげな笑みを満面にたたえていた。

「アレックス、あなたのこと、もうトラポロジストとして認定してもいいかもしれないわ！」

第4部

Trap 7

TRAP TALES

OUTSMARTING THE 7 HIDDEN OBSTACLES TO SUCCESS

決意の日

ヴィクトリアと最後に話してから数カ月。仕事に関して、アレックスは自分がいかに頻繁に、みずからの「古いストーリー」を語る心のナレーションに従って行動していたかに気づいて、愕然とした。ヴィクトリアは、アレックスが最も必要としているタイミングで、そのことを教えてくれたのだった。

キムが出ていってからは、九カ月が経とうとしていた。この事態を招いたことをアレックスが謝り、それをキムが受け容れて以来、ぎくしゃくした二人の関係は、わずかながら改善している気がする。

アレックスは、いずれはやり直せるだろうという希望を抱いていた。だがキムは、ロサンゼルスに、つまり家族のもとに戻るのを、少しも急いでいないようだった。サンフランシスコでの仕事は素晴らしくうまくいっていたし、その仕事をキムは心から楽しんでいる。二週間に一度、子どもたちに会いに戻ってきたが、ともに過ごすのは、ほとんど自分の両親の家だ。アレックスは、周りにほかにも人がいるところで、キムが通りすぎるのを見るだけだった。

ただ、二人の間で友好的な気持ちが強まってきているのは間違いなかった。今では、彼は新しい観点から彼女のことを見ており、何でもそつなくこなし、周囲の期待にみごとに応えていることに目を見はっていた。一つ屋根の下に暮らしているときに、彼女を正当に評価していなかったことにも気がついた。もし、もう一度チャンスを与えてもらえるなら、二度とこんなことにならないようにしよう、と彼は心に誓った。

ちょうど、休暇シーズンのただなかだった。これから始まるさまざまなイベントを、自分とキムはどんなふうに子どもたちと共有するのだろう、とアレックスは思う。

それまで以上に、キムにそばにいてほしかった。キムも、寂しさを覚えたり、彼のことを考えたりしてくれているんだろうか、とも思った。

脳裏に、ちょっとした、なぜ今こんなことを思い出すんだろうと思わざるを得ない記憶が、脈絡なく浮かんでくる——キムが、照れると必ず、茶色の長い髪を耳にかけること。思案顔に話すときはいつも、結婚指輪をいじること。彼がひどくおかしなことを言うたびに、頭をのけぞらせて大声で笑うこと。

彼は彼女を笑わせたかった。ひとりで子どもたちの面倒を見ることに、うんざりしてきてもいた。ただ、二人の子どものどちらとも、関係が、この数カ月で驚くほどよくなっているのを認めないわけにはいかなかった。もっとも、アレックスが気づいたとおり、それは自然に起きたわけではない。共通の目標に向かって、ともに取り組み、時間を共有してきたから、父子の距離がぐっと近くなったのだ。

アレックスは、キッチンの奥へ目をやった。壁に、紙のヘビがテープで貼ってある。ヘビの長さは毎月、着実に短くなり、今では一メートル足らずになっていた。節度ある金の使い方を習慣にすることで、アレックスと子どもたちは、ヘビを三分の一の長さにまで縮めたのだ。

加えてキムも、借金を減らすアレックスたちの努力を後押しするために、月に二〇〇〇ドル出してきた。その借金は自分の借金でもあると思ったからである。

今では、アレックスのクレジットカードはすべて、支払い残高がゼロになり、はさみが入れられていた。残っているのは、マイケルが気前よく貸してくれた一万八〇〇〇ドルだけだ。四人が力を合わせれば、あと数カ月で、ヘビはなくなるだろう——そして二度と、現れることはない。今はこのヘビが、家族の絆の回復具合を測る物差しだった。人間関係も、借金返済のようにシンプルだったらいいのに、とアレックスは思った。

アレックスは気づいていた——キムに意味ある形で彼らのもとに戻ってきてもらえたとし

ても、借金返済と同様の努力を自分はしていかなければならない、と。キムの信頼を取り戻す必要もある。別居しているために見逃したことを、キムにその目で確かめてもらう必要もあった。キムがいない間に、自分が驚くほど多くを成し遂げたことに気づいてほしい、そして、自分が書き始めている新しいストーリーを高く評価してほしい、とも思った。

アレックスは、キムに電話をかけることにした。キムが、子どもたちと休暇を過ごすために今度戻ってくるときに、デートをしようと誘うために。

あれこれ思う間もなく番号を押し、受話器を耳に当てる。呼び出し音が鳴り、心臓が早鐘を打ち始める。はたして、イエス、と答えてもらえるだろうか。

六回鳴ったあと、留守番電話に切り替わり、アレックスはメッセージを残した。拍子抜けした。もう、キムがかけ直してくれるのを、もどかしい思いで待つほかなかった。

この数カ月の間、アレックスは目を見はるような成果を会社にもたらしていた——実際、会社史上、最高の成果だった。能率よく仕事をするだけでなく、明確なビジョンを持ってリーダーシップを発揮し、上司や同僚やオフィスのアシスタント全員の注目を集めていたのである。

だが、金曜日に出社したとき、オフィスの空気が違うことに、アレックスは気がついた。チャズも、やけに愛想がいい——アレックスの知らない何かを、知っている雰囲気だ。

アレックスがデスクに着くと、とたんに電話が鳴った。上司の上司であるリックからの呼び出しだ。チャズのおかしな態度から察するに、何かあったんだろうか、とアレックスは思った。椅子から立ち上がり、廊下へ向かう。オフィスを出てすぐのところでぶらぶらしていたチャズが、アレックスが長い廊下を歩いて、突き当たりにあるリックのオフィスへ向かうのをじっと見ていた。

あいているドアを、アレックスは軽くノックした。リックがパソコンから目を上げる。

「やあ、アレックス――そこへ座ってくれ。何か飲み物は?」リックがすすめる。

「ありがとうございます。水をいただけますか」

「オーケー」とリックは答え、水のペットボトルを渡した。

いったい何事なのか早く知りたくてたまらず、アレックスは単刀直入に尋ねた。

「何かあったんでしょうか。私でお役に立てればいいのですが」

「そうだな」。そう言って、リックは口を横に引いてにっと笑った。「いい知らせがある。きみにぜひ、新しいポストに就いてもらいたい。今年のきみの業績とリーダーシップには、目を見はるものがあった。そこで、エグゼクティブ・バイス・プレジデントの一人となって、経営チームに加わってもらいたいんだ」

アレックスは耳を疑った。

「え……あ……」と声は出たが、意味のある言葉にならない。

アレックスはかすかに笑い、片手で首の後ろをさすった。

まさか、こういう話をされるとは、思いも寄らなかった。てっきり、何らかの再編成、あるいは新たな事業構想について聞かされると思っていたのだ。昇進の話をされるとは、驚き以外の何ものでもなかった。

この昇進を受ければ、ようやく、収入を以前のレベルに戻すことができる。得られなくなって久しい尊敬と報酬を、ふたたび手にできるのだ。

しかしながら、自分がふたたび岐路に立っていることを、アレックスは承知していた。昇進のオファーは魅力的だったが、これから先もがんじがらめにされることになる、と彼は理解していた。

気づいたときには、言葉が口から飛び出していた。

「そのオファーを受けることはできません、リック」。矢継ぎ早に、こうも言った。「ここで仕事をすることも、もうできません」

その言葉はアレックス自身にとっても衝撃だったが、同じ衝撃がそっくり、リックの表情に表れる。

「まさか、冗談だろう？　おい！」驚くリックの顔に、みるみる不機嫌な表情が広がる。

「何を言っているのか、自分でもよくわかりません。計画さえ、まだありません。ただ、起業したいという夢を二〇年前から持っていて、とうとう、その夢を追いかけずにはいられなくなったんです。申し訳ありません」

アレックスは夢中で話していた。声が、自分の声ではない気がする。よもやこんなことを言うとは、自分でも信じられなかった。

「いや、その……驚いた」。リックは口ごもり、なんとかして自分を取り戻そうとする。「正直、何を言えばいいのかわからない。こんなに急に、いったいなぜだ？　信じられないほど素晴らしい業績をあげてきたのに、それを捨てて何をしようというんだ」

「具体的なことはまだわかりませんが、決まったらお知らせします。今わかるのは、これだけです――ここにいることはできない。夢を追いかけずにはいられない」

「計画さえ、まだないと言ったよな。私には無謀に思えるよ、アレックス。このオファーを受けて、これからもここで仕事をしたらどうだ――せめて、したいことがはっきりするまで。それなりの報酬は約束する」。リックが説得する。

アレックスは身をひるがえし、ドアへ向かった。取っ手に手をかけたが、振り返り、こう答えた。

「すみませんが、それはできません、リック。お断りせざるを得ません」

つかの間、考え、さらに言う。、

「たいへん驚かせてしまったことは承知しています。なので、私の後任の面接のために手助けがいるなら、喜んで手伝います。数カ月にわたって後任を教育せよと言われるなら、それもお引き受けします。

こんな素晴らしいオファーをしてくださったことに感謝しています、リック。ただ、私自身のために、こうすることが必要なんです。ご理解いただけるといいのですが」

アレックスはリックに会釈し、ドアをあけ、部屋を出た。リックは何も言わず、頷き返した。

アレックスがリックのオフィスのドアを閉めるや否や、チャズが近づいてきた。

「おい、教えろよ！　昇進したのか？」

「ああ、したよ」。今の出来事をなおも頭の中で整理しながら、アレックスが答える。

チャズがうれしそうに、にやっと笑った。アレックスの片方の肩を抱き、祝福する。

「で、おまえの後任として、俺を推薦してくれたんだろうな」。いつものごとく、当然だよなと言わんばかりの態度で言う。

「実を言うと、ノーだ。推薦してない」

「何だと？　どういうことだ。よくもそんなふうに俺を裏切れるもんだな！」怒りにも似た困惑に、チャズの顔がゆがむ。

「別に裏切ってはいないよ、チャズ。昇進は受けない。辞めるんだ」

「おまえ、何言ってんだ。気はたしかか？」

チャズが顔をしかめ、さっぱりわからんと言いたげに、両手を挙げる。人当たりのいい友人が機嫌を悪くするのを見て、アレックスはなぜか楽しかった。

「たぶん、たしかじゃないな」

アレックスは肩をすくめた。穏やかな微笑みを浮かべて、ひとり、廊下を歩いていく。ついに、彼は自由になったのだ。


その晩、アレックスが帰宅すると、キッチンのテーブルで、娘が熱心に本を読んでいた。

「やあ、ローラ。何を読んでるんだい?」軽い調子でアレックスが聞く。

「SATの勉強をしてるの」。ローラが答える。

「え、今、何て?」驚いてアレックスが聞き返す。

「大学進学適性試験の勉強をしてるのよ、パパ!」そう答えて、ローラは、笑みが顔いっぱいに広がるのを懸命に隠そうとする。

「まさか、いや、父親としてこんなうれしいことはないよ」

アレックスが破顔する。ローラは、父親が手放しで喜んでくれるのをうれしく感じながら、その目をじっと見つめた。

「ところで、夕食つくるの、今日は誰の番だっけ」。ローラが聞く。

「パパだ」とアレックスが答えた。冷凍庫から大袋入りのチキンナゲットを取り出し、中身を全部、平鍋にあける。オーブンに入れ、スイッチを押し、それから寝室へ着替えに行った。アレックスはとても疲れていた。ちょっとだけのつもりで、ベッドに横になる。ところが、すぐにぐっすり寝入ってしまった。マイケルがドアをノックする音に目を覚ましたのは、四〇分後だった。

「パパ？」

アレックスが身じろぎする。

い、い、い、い、い。

なんだ、このにおいは？

アレックスが両ひじをついて体を起こすのと同時に、マイケルがドアから顔をのぞかせる。

「パパ、晩のおかずがオーブンに入れっぱなしになってた。あれ、もう食べられないよ」

「しまった。ごめん、マイケル。ちょっと横になるつもりだったのに、うっかり眠ってしまった。何かほかのものをつくらないといけないな」

「問題ないよ、パパ。間違うのはプロセスの一部なんでしょ」

茶化すように言うと、マイケルは顔を引っ込め、ドアを閉めた。

アレックスは、何とかして目を覚まそうと、目をしばたたかせた。まだ夢を見ているのか、それともたしかに息子がそう言ったのだろうか。

チキンナゲットの代わりに今晩つくれるものを考えていると、スマートフォンが鳴った。キムからだ。胸の鼓動が速くなる。キムがかけ直してくれるのを、自分で思う以上に彼は待ちわびていたらしかった。

「キム」。二回目の呼び出し音で、電話に出る。「どう、調子は」

「ええ。元気よ。何もかも、うまくいってるし。あなたは？　仕事はどう？」

「問題なくやってるよ」

アレックスは、努めて平静に答えた。今日の会社でのことを話したほうがいいだろうか、と思う。起業家になる夢を、キムはずっと応援してくれていた。それは間違いない。だが、昇進の話を断ったことについては、理解を示してくれないかもしれない。アレックスはちょっと迷い、それから思いきって話し出した。

「ほんと言うと、今日はいろいろあった日だった」と打ち明ける。

「あら、そうだったの。何があったの」

「実は、エグゼクティブ・バイス・プレジデントへの昇進を打診された」

「えっ、ほんとに？　アレックス、すごいじゃない。おめでとう！」キムが声をはずませる。「いつからなの？」

「いや、それが……いつからも何もない。断った」。落ち着かない気持ちを声ににじませて、アレックスは答えた。

「何ですって？　断った？」キムがあえぐように言った。聞き間違いであることを願いながら。

「うん……断った」。同じ言葉を、アレックスは繰り返した。

沈黙が流れる。

「アレックス、あなた、気はたしか？」

「キム、聞いてくれ……」

「なぜ断ったりしたの」

責めるように、キムが言う。声が怒りを含んでいるのが、アレックスにもわかる。

「キム、実は、自分の会社を立ち上げようと思ってる。後任が決まってきちんと引き継ぎがすんだら、今の会社を完全にやめる。思いきってやってみたい。夢に向かって、今こそ進もうと思うんだ」。昼間リックに言ったのと同じ話を、アレックスは熱く繰り返す。

「耳を疑うわ」とキムは言った。声がふるえ始めている。「それで、会社を立ち上げて、いったいどんな事業をするつもりなの」

「それはまだわからない。今に見つかるよ。見つかったら、きみに真っ先に知らせる」

「どうかしてるわ。どんな事業をやるか、まだわからない、ですって？　それなのに、給料も、昇進も、捨ててしまおうっていうの？　メチャクチャにも、ほどがあるわよ」。キムが訴える。

「メチャクチャに思えることは、わかってる。でも、やるなら今しかないと思うんだ」。自信をいくらかにじませて、アレックスが言う。

「まともじゃないわ……あまりに無責任よ！」キムの声が怒りに満ちている。

「応援する、と言ってほしい」。アレックスが懇願する。

「無茶言わないで。よくそんなことを私に頼めるわね。こんなの、どこからどう考えても、馬鹿げてるし身勝手よ。これ以上、聞きたくない。もう切るわ。あとで話しましょう」。キムは一気にそう言った。

「待ってくれ、キム！……」アレックスは話をしようとしたが、電話はもう、つながっていなかった。

キムがさっさと切ってしまったのだった。

この件に対するキムの反応に、アレックスはひどく落胆した。こんなに早く話したのが、間違いだったのだろう。これぞというプランが固まってから、打ち明けるべきだったのだ。

キムがどういう人間かを、アレックスは理解していないわけではなかった。キムはずっと、安定を大切に考えてきた。そのため、新しいオープンカーを買ったときと同様、今回の行動をキムが無責任だと考えるのは、理解はできた。ただ、あれとこれでは話が別だ。それが、キムにはわからなかったのだろうか。

アレックスの勢いはすっかり萎《しぼ》んでしまったが、起業する決心をしたことを誇らしく思う気持ちに変わりはなかった。具体的な事業についてはこれから考えなければならないが、この決心をするに至った経緯を、いつかキムにもわかってもらいたいと彼は願った。

昔からずっと、自分の会社を持つのが夢だった。完璧なタイミングというものはないかもしれないが、選択肢を絞り込んでいけば、どんな事業をするかは、おのずとはっきりするだろう、とアレックスは思う。一生の仕事を決めたり、起業したりする方法として、それが理に適っておらず現実的でもないのは間違いない。ただ、それが彼のやり方なのだ――少しばかり常識外れなところはあるが、思いついたことを、気持ちと直感に従って行動に移すのが。だが、それを言うなら、成功している起業家の多くも、少しばかり常識から外れているのではないだろうか。

数日が過ぎたが、アレックスは何の創造力も発揮できず、不安を募らせるようになった。新しい事業について、これぞというアイデアが思い浮かばない。数週間にわたってブレーンストーミングをしたのに、結局何もひらめかないときのようだった。

キムの言うとおりなんだろうか、と彼は思った。昇進の話を断ったのは、無鉄砲が過ぎたのかもしれない。つまるところ、起業家に向いていないのかもしれない。自分はなぜ、先々のことをもっとはっきり見通せないのだろう。とことん落ち込んだある日、アレックスは電話を手に取り、ヴィクトリアにかけた。

まるで言葉が、一刻も早く聞いてもらいたい、理解してもらいたいと言うかのように、次から次へと飛び出した。不安と自信のなさを吐露すると、アレックスはいよいよ気持ちが滅入り、失敗するに決まっているような気がしてしまった。

「アレックス」。いたわるように、ヴィクトリアが答えた。「私はあなたを誇りに思うわ。確たる保証がないのに思いきって夢を追いかけるには、大変な勇気が要るもの」

ヴィクトリアの励ましを、アレックスは素直に受け取れなかった。「どうかしてる、とキムは思っています」

「そのうち考えを変えるわ。見ててごらんなさい」

そう言って、ヴィクトリアはアレックスを安心させる。

「新しい一歩を踏み出すあなたを、いずれは応援してくれるようになる――今あなたが彼女に望んでいるのとは違った形でね。

起業するにあたってあなたは変わろうとしているけど、率直に言って、そういう変化がすんなりできることはめったにない。つらく、困難を伴っているほうが、ずっと多いの。少々険しい上り坂になるでしょうけど、目的地がはっきりすれば、行き着こうと思うようになる！　そして、行き着くまでのプロセスでは、辛抱強さが必要なのよ、アレックス」

アレックスが答えるのを、ヴィクトリアは待った。アレックスは黙ったままだった。尻尾を巻いて逃げ出したいような気分だ。ヴィクトリアが何か話させようとして聞く。「これぞと思うアイデアが、もうあるの？」

「そんなのは、何も」。アレックスが即答する。

「そういうときはね、心の声に耳を傾けるのがいちばんよ。何が何でもいいアイデアを思いつかなければ、なんて思っちゃだめ。これは、頭の体操じゃなく、精神力のトレーニングなの。

まずは、これから言う質問を、自分にしてみてちょうだい。夢中になれること、わくわくすることは何か。心の奥底から、やりたいと思えることは何か。ほかの誰も決して真似できないどんな貢献を、自分はすることができるか」

ヴィクトリアは励ますように、そう言った。

「おっしゃることはわかりますが、そういう考え方をしたことがありません。僕は思い立ったら即行動する人間です。行動しなければ、これから一カ月、同じ状態にとどまることになってしまいます」。アレックスは不満げだった。

「それは違うわ」とヴィクトリアが言う。「アレックス、だまされたと思って、やってみてほしいことがあるんだけど」

「わかりました、やりますよ……」

本音を言えば、ヴィクトリアの考えを聞きたいわけではなかったが、アレックスはそう答えた。

「これから一週間、この問いについてだけ、じっくり考えてみてちょうだい。世界が必要としているもので、自分にしか与えることができないものは何か。

一週間考えたら、心が語りかけてくることに、じっと耳をすませてほしいの。浮かんでくる考えを残らず書きとめること。今から七日間、やってみてくれる?」

「やってみますよ。いつものあなたのやり方と違いますが、これと決まったやり方がないのがあなたですもんね」。アレックスは白旗を揚げた。

「そのとおり! 一週間後にまた電話して。心が伝えようとしていることに、じっくり注意を払えたら」。ヴィクトリアが言った。

「わかりました」と、アレックスは答えた。

初めのうちは、これは自分の手に余る、とアレックスは思った。モンキー・マインド、つまり、ある話題から別の話題へ絶えず飛び移る、止むことのない心のおしゃべりをストップさせるなど、彼にはそう簡単にできることではなかった。

だが、「今」に集中するようになると、頭が一点の曇りもなく冴え渡る瞬間が生まれるようになった——シャワーを浴びているときや、キッチンの床を掃いているときや、朝のランニングをしているときに。

一つのアイデアの上に別のアイデアが重なり、五日目に車で帰宅する途中、ついに、「これだ!」とひらめいた。その瞬間、アイデアの断片すべてが一つにまとまり、新しい事業に関して自分がどこへ向かいたいのか、思い描けるようになった。そのひらめきをヴィクトリアに話すのに、あと二日待つなど、とうていできなかった。

アレックスは受話器を取り、ヴィクトリアにかけた。

「もしもし、あら、アレックス！　もう一週間経ったの？」ヴィクトリアが尋ねる。

「いいえ、まだ五日なんですが、たどり着いた答えを、一刻も早く伝えたくて」。興奮を隠しきれず、アレックスが言う。

「すごいじゃない！　聞かせて」

「ヴィクトリア、僕はトラポロジストを養成する事業を始めようと思います」とアレックスは語った。「あなたが僕に教えてくれた罠を避ける方法を、ほかの人たちに伝えたいんです。ちょっと変わったサバイバル訓練、といったところでしょうか。どう思います？　ビッグ・ビジネスになるかも、と思ってるんですが」

「アレックス……素晴らしいわ」。ヴィクトリアが感動の声をあげた。「これ以上にいい事業アイデアなんて、ないんじゃないかしら。あなたはあの罠すべてをみごと乗り越えた。あなたの経験は、ほかの人にとってとても励みになるし、本当に大きな希望と勇気を与えることでしょう」

「それじゃ、賛成してくれるんですね？」

「賛成か、ですって？　ああ、アレックス、大賛成よ。なぜ私のほうが先に思いつかなかったのかしら」と笑う。少し間を置き、それからこう言った。「お願いが二つ、あるんだけど」

「どうぞ」。アレックスが答える。

「一つは、初回のプログラムをホノルルで開催して、私が参加できるようにしてほしいの」

「それは、言うまでもありません」。アレックスがにやっとする。「実のところ、罠について教えるのを、あなたに手伝ってもらえたらいいなと思ってたんです。何と言っても、あなたはマスター・トラポロジストですから」。そう言って、笑う。

「できるかぎりのお手伝いを、喜んでさせてもらうわ」。ヴィクトリアが答えた。「二つめのお願いは、エンジェル投資家（創業まもない企業に、資金提供や経営アドバイスをする個人投資家）として、あなたの会社を支援させてほしいの」

アレックスの口があんぐりとあく。それから、大きな笑みが顔いっぱいに広がった。

「ほんとですか。いや、その——何と言ったらいいのか——ヴィクトリア、お礼の言葉もありません。ああ、もう、夢のようです！」

「あなたの起業を手伝えたら、こんなうれしいことはないわ、アレックス」。ヴィクトリアが晴れやかに微笑む。「それと、トラポロジストと名乗ることを、正式に許可しないといけないわね。今や、その呼び名にふさわしくなったと思うから」

「そうですね、もういいかも」。アレックスが笑って答える。

「細かいことは一カ月後に話しましょう、アレックス。これから、大急ぎでヨガ教室に行かないといけないの。七つめの罠についても話したいわ。六つの罠について話し合ったら、もうこれでおしまい、とは思わなかったでしょ？」

アレックスが頷く。「7という数字は、やっぱり特別ですか？」

「不思議としか言いようがない数字よ」

Trap7

——目的の罠

一カ月はあっという間に過ぎ、アレックスの心には、事業の立ち上げ方についての考えが、収拾がつかないほどあふれていた。そうした考えの一つひとつについて、ヴィクトリアの意見を聞きたくてたまらない。

だが、早くしたくてたまらないことにすぐに取りかかれるわけではないことを、彼は承知していた。もう一つ、七つめの罠について、話し合わなければならない。

その罠のことを自分が聞きたいと思っているのかどうか、アレックスにはわからなかった。自分自身に関して、もうすでにとてもたくさんのことをいっぺんに変えようとしているのに、これ以上増えたら対応できないのではないかという気がした。

ふと気づくと、約束の時間を少し過ぎていた。受話器を取り、ヴィクトリアにかける。留守番電話に変わりそうだと思ったそのとき、ヴィクトリアの明るい声が聞こえた。

「まあ、アレックス。冒険の準備は進んでる?」

「順調ですよ」と答えた口の下から、吐息をつく。「正直に言うと、七つめの罠を教わったら僕は何をしなきゃいけなくなるのか、それを知りたいですね」

「ああ、この罠については、何も心配しなくていいわ。六つめまでと違って、あなたはまだこの罠にかかってないから。七つめの罠を話し合ったら、新しい事業について相談しましょう」

「僕が話したくてたまらないことが何か、よくわかりましたね」。アレックスが冗談を言う。

「私は相手の心が読めるのよ、アレックス。いよいよ、真実の私を知るときが来たわね」。

ヴィクトリアも冗談で答える。

「本当に読めるんだとしても、ちっともびっくりしませんよ」

「あら、そう?」と答えて、ヴィクトリアは本題に入った。「さっきも言ったように、この罠に関してはいいニュースがある。あなたがまだこの罠にかかってないってこと。この罠には、誰もがかかる。なのに、存在していることにさえ、ほとんどの人は気づかないの——人生が終わる、そのときまで。そのときになったら、こう思う。なぜ、このことについて、誰も何も言ってくれなかったんだろうって。これは、『この世でいちばんひた隠しにされている秘密』と言ってもいいかもしれない」

「思わせぶりは、ほどほどに願います」。アレックスがため息をつく。

「臨終まぢかの人を対象にした研究について、いろいろ調べたの」とヴィクトリアが話を進める。

「あなたがそうするのは、わかる気がします」。アレックスは椅子にゆったり腰掛け、メモをとる。「それで?」

「注目したのは、この点よ――死を目前にした人(ほとんどはお年寄り)が、人生で最も大切だと考えるものは何か。今まさにこの世を去ろうとしているときには、あらゆることがきわめて明瞭になる――それまでずっと大切に思えていたかもしれないものが完全に消えて、代わりに、本当に大切にすべきことが見えてくるの」

「なるほど……で、彼らが、これこそがいちばん大切だと悟ったものは、何だったんです?」

「人とのつながりよ!」張り上げたヴィクトリアの声があまりに大きく、アレックスは、受話器が爆発するかと思ったほどだった。思わず受話器を耳から離して笑ったが、すぐにヴィクトリアが勢い込んで続きを話し始める。

「人とのつながりと経験だけなの、あの世にまで持っていくのは。ほかのものはいっさい、見向きもされない――お金も、いろんな品々も、名声も、栄誉も、不動産も、最新のＩＴ機器も。そういうものは全部、最後には何の意味も持たなくなる。あの世まで持ってはいけないの。

それで、私はこれを『目的の罠』と呼んでる。その大きな特徴は、ため込むこと——この究極のまやかしに、私たちは最後まで気づかない」

「最後というのは、人生の最後のことですか」。アレックスが尋ねた。

「ええ。まさにその意味。もっとも、あなたは別。あなたは人生半ばで、この真実を知るわけだから」。ヴィクトリアが答える。「そんなわけで、あなたにこの話をするのは、すごくわくわくする。

よく聞いて。この罠に惑わされてしまう理由は、いろいろある。でも、長い間の研究によって、理由のトップ3がわかったの。

一つめ。私たちは、消費と過剰という環境から、ネガティブな影響を受けている。自分よりたくさんものを持っている人を見て、人生で大切なのは持ち物を増やすことだと思うようになる。また、入念なマーケティングが行われ、必要なあらゆるものについて絶えずメッセージを聞かされているために、聞こえるものを、いつの間にか信じるようになってしまう。

二つめ。次に発売される新しいものを持てば、今より幸せになれると信じてしまっている。もっともっとと思って、所有するものを絶えず増やし続ければ、最後には満たされ幸せになれる、というわけ。

三つめ。私たちは、持ち物の多少を、成功を測る物差しにしてしまっている。競うように消費し、いちばん多く持っている人が勝利者になる。たくさん持っていれば、それだけいっそう成功しているように見られるの」

そんなふうに、ヴィクトリアは要点をまとめた。

アレックスは、全くそのとおりですね、と頷いているが、もちろん、ヴィクトリアに見えるはずがない。

「アレックス、聞いてるの？」

「あ、すみません」。驚いたように、アレックスは答えた。「ええ、聞いています……そして全部、理解できています」

◆ものが増えるのは当たり前、という考え方

「じゃあ、先を続けるわね。いつでも割り込んでちょうだい」

「わかりました」。アレックスが承知して答える。

「よろしく。さっきも話したとおり、持ち物をどんどん増やそうとする競争に、私たちはたやすく巻き込まれてしまう。そして、多く持つことこそが人生で最も重要なことだと思うようになる。

もうずいぶん前だけど、ロブと私は、仕事の関係でオーストラリアに住まいを移したことがあるの」

ヴィクトリアが言う。

「私たちの家財道具を航空便で送る余裕が会社になくて、船便で送らなければならなかった。船便ならコストは半分か三分の一ですむけど、全部が届くまでに二カ月半かかるわ。航空便なら二週間なのに」

ヴィクトリアが詳しく話し続ける。

「会社から標準的な転勤手当が支給されていたから、それを使えば、当時の家財道具すべてを送ることができた。でも、もし持っていくものを減らしたら、引っ越し費用が安くなって、転勤手当を残すことができる。それで、少しでもたくさん現金を残すために、持っていくものをなんとかして減らそうって思ったの。

ロブと二人、どれほど頭を悩ませたことか。だって、地球の反対側へ引っ越そうっていうのに、『これは本当に必要か』『これがなければ暮らせないか』と考えて、簡単に決められないことを決めないといけないんだもの。結局、アメリカ国内を転勤していたときと比べて、三分の一だけを持っていくことにした。

手放してもいいと思えるものは手放し、残りは、帰ってきたときに引き取れるよう、倉庫に預けた。だけど、オーストラリアで生活する中で、持ってくればよかったと思うものなんて、一つもなかった。それどころか、帰国したとき、三年間倉庫に預けておいたものの大半は、持っていたことさえ忘れてしまっていたの。

それならと思って、預けておいたもののほとんどを、誰かにあげるか、でなければ捨てることにした。結局、残ったのは、一割だけだったわ。それでさえ、別になくてもオーストラリアで困ることはなかったし、帰国してすぐに要るものじゃなかったのも間違いなかった。持っているものが減って簡素になるのは、本当に気持ちがよかった。

ロブと私は、まるで、またオーストラリアに引っ越すかのように、年に一度、持ち物を見直して、ため込んでしまった要らないものを全部、あげるか捨てるかすることにした。わが家は、『物より経験を』をモットーにして生活しているの。

オーストラリアへ引っ越したことで、持ち物に対する見方ががらりと変わった。何より意義深いことに、人生でいちばん重要なことに目を向けられるようになった」

ヴィクトリアは話をそう締めくくった。

「驚きました。素晴らしい経験をしたんですね、ヴィクトリア。持ち物を毎年見直して、大切で価値のあるものを選ぶというアイデアは、目から鱗が落ちます」。アレックスが言う。

「わが家にも、手放してもかまわないものが山ほどあります。それは間違いありません。半分か、少なくとも三分の一くらいは」

「どれくらい捨てるかは、問題じゃない。やらなきゃいけないのは、少なくとも一年に一度は、持ち物チェックをして、大切なものと、手放してもかまわないものとを判断することなの」

ヴィクトリアがポイントをはっきりさせ、さらに話を続ける。

「所有しているものが、きちんと目的を果たしているなら、何も問題はない。でも、一生を通じて、私たちはものを過剰にため込みがちで、そのものに注意を払わなければならない。問題はそこ。ものって、とかく壊れるじゃない。どうしても、維持・管理に多くの時間を割くことになる。ものにかける時間が増えれば、それだけ、本当に重要なことにかける時間が減ってしまう。だから、大切なことにかける時間を増やすには、過剰にため込んでいるものを、定期的に、潔く捨てるしかないの」

「なるほど、すごく納得がいきます」とアレックスは答えた。

◆幸せの追求

「ものを買ってため込むことと、幸せを追い求めることを混同するのが、目的の罠に陥る二つめの理由。自分よりたくさんものを持つ人の富と繁栄を見て、満足感も高いにちがいないと思うの。そういう人は、『もし〜だったら』症候群にかかってる。典型的な例を挙げるわね。

・もしあの家（船、山荘、ゲーム、ＩＴ機器……）を持っていたら、幸せになれるのに。
・もし学校を終えて働き始めることができたら、幸せになれるのに。
・もし隣人の車と同様の車を持っていたら、彼女ができて、幸せになれるのに。
・もし余分なお金が五万ドルあったら、幸せになれるのに」

「ちょっと待ってください。僕のあのオープンカーはどうなんです？」アレックスが異を唱える。「下取りに出すまで、僕は間違いなくあの車のおかげで幸せな気持ちになれました。もしキムにあそこまで反対されなかったら、そして僕が経済的に追いつめられていなかったら、あの車をずっと大切に持ち続けましたよ」

「ずっと？」ヴィクトリアが聞き返した。「それはどうかしら。車にわくわく感を覚えるのは、せいぜい一、二年でしょ。ついにどこかをへこませてしまうか、大がかりな修理が必要になるまでってこと。何かを所有することが幸せをもたらさないって言ってるわけじゃない。もたらしてくれることはあるわ。ただ、長続きはしないの」。ヴィクトリアが詳しく話した。

「ああ、それはたしかですね」とアレックスは認めた。「最新のＩＴ機器やゲームに夢中になっていても、次のモデルが出ると、いつもその気持ちは消えてしまいます」

「私が言いたいのは、そこなの。幸せや喜びというのは結局、私たちが持つ、人とのつながりや、経験や、知識を通して得るもの。そういうものだけが、あの世へ持っていけるもの。ほかはすべて、残していくことになるの」

前に言った言葉を、ヴィクトリアが繰り返した。

ヴィクトリアはあの世を自由に垣間見ることができるんだろうか。ときおり、アレックスはそんなふうに思った。

◆消費という競争

「それじゃ、多くの人が目的の罠に落ちる三つめの、そして最後の理由を話すわね。私たちの社会で『成功』というと、誰が最もよいものを最も多くためるかを競い、つまり競争し、その結果として手に入れるものみたいに言われているわよね。実際、成功とは何かと尋ねられたら、人々は、仕事の肩書きや、銀行の預金額、正味資産、家や別荘、車、美術品について話をするでしょう。そういうものは、それ自体は別に悪いわけじゃないけど」

付け足すように言って、ヴィクトリアが先に続ける。

「ただ、重要視しすぎなので、適切なレベルまで下げる必要があるの。ほとんどの人は、自分の成功を説明するのに、結婚や家族や貢献のことを持ち出したりしない。そういうものを大切だと口では言うかもしれないけど、行動に表れていない。

それどころか、順序をあべこべにしてしまってる」

強い調子で、ヴィクトリアが言う。

「ため込んでいる持ち物や、取得した学位や、貯金の額などによって、互いに自分のことをすごいと思わせようとしすぎてしまって、本当に大切なもの――道徳心、奉仕、貢献、家族、人とのつながり――を見失ってしまっているの。

残念ながら、そういう観点から、成功を正しく見られる人はほとんどいない。そんなわけで、私はこれを、『この世でいちばんひた隠しに隠されている秘密』と呼んでいるの。人生が終わるそのときまで、この真実に気づくことがほとんどないからよ。そのときになって、まるで雷に打たれたみたいに気づくの――ものはたくさんため込んだけど、人生で本当に大切にすべきものをないがしろにしてきてしまったことに。これ以上の悲劇はないわ。『人生とは何か』について不変の真理を悟ったというのに、もう時間が残ってないんだから」

アレックスはオープンカーを買ったことについて考え、それが引き金になって、キムは出ていったのだということを、はっきり悟った。自分が妻の気持ちより贅沢を優先したことも、思い知らされた……自分はこんなことを、何年繰り返してきただろう。まさに既婚独身者として暮らしていた。妻や子どもたちが求めるものより、自分の欲しいものを優先していたのだ……。

アレックスの思考を、ヴィクトリアの声がさえぎった。

「……そういうわけで、啓示的ブレイクスルー《エピファニー》を伝えて、あなたがこの罠に落ちないようにしてあげたいの……」

アレックスが眉を寄せ、割り込んで言った。

「ちょっと待ってください――『ありがちなアプローチ』がまだじゃないですか」

「まあ、よく気づいてくれたわね。話の順序がおかしくなるところだったわ！」

ありがちなアプローチ

「一般には、持ち物を全部持ち続けるために、スペースを広げるという方法が使われてる。ちょっと想像してみて。家の中は、足の踏み場もないほど散らかり放題。ガレージも、車を入れられないほど、ものがあふれてる。それに、ここ数年の、トランクルームの需要の伸びと言ったらないわね。

人々は、異常な速さで消費している。すでに持っているものを入念にチェックせず、より広いスペースを次々買って、それがまた消費に拍車をかける」

ヴィクトリアがため息をついた。

「お話を聞いて、たしかにあきれるようなことだと、今初めて思います」。アレックスが納得して答える。「つい先週も、通勤途中で新しいトランクルームを見たんですが、一晩で建てたような感じでした」

「ほんとに一晩で建てたのだとしても、驚かないわね。このアプローチでは、すべての持ち物を管理するための解決策は、より大きな家を買うことだと考えてる」。ヴィクトリアが話を続ける。「そして、そこまでの余裕はなかったとしても、月にわずか四〇ドルでトランクルームを借りる余裕はないとだめってことよね」

「ああ、わかりました」。ヴィクトリアの意を汲んで、アレックスが言った。「それは一つの管理方法を提供しているだけです。ため込むという本当の問題の解決にはなりません」

啓示的《エピファニー》ブレイクスルー

「そのとおり。それに対し、このことに気づくと、啓示的《エピファニー》ブレイクスルーが生まれる――『本当の幸せは、ものを所有しても、つかめない』。本当の幸せは、ほかの人に尽くすこと、そして、自分がこの世から去ったあともずっとほかの人たちのためになる有意義な貢献をすることで得られるもの。それは、物より経験を大切にすること。ものを所有するのではなく、ものに所有されてしまうと、そのために、時間的にも維持管理という意味でも束縛されてしまうのだと認識して生きること。

このことを心に留めて、持ち物を選別し、簡素になさい。自分の目的と調和しているか、ぴったり適っているかと自問しながら。その持ち物が有益かどうか、金銭的な価値や地位を高めるような価値があるかどうかじゃない。自分の最も大切なことや目標を達成しやすくするうえで、絶対に不可欠かどうかを問いかけるの。

アレックス、あなたも今にわかるでしょう——真実の悟りは、ものごとの適切なバランスの中にこそある、と。私の知り合いに、大人数の拡大家族（複数の核家族から成る家族）がいて、アイダホの湖に別荘を持っているの。どう考えても、別荘自体はもちろん、ボートやなんかを維持するのに、いろいろとメンテナンスが必要よね。

でも、こうしたものを所有することによって、複数の世代にわたるこの大家族は、以前より頻繁に集まり、家族としてのたしかな、いわば文化を築く機会を持つことになった。そして、ともに過ごす時間を一人ひとりが大切に思うようになり、結果として、結びつきが強まった。この別荘は、しっかりとした目的があって、所有されているの。

目的。意味。貢献。これこそが、私たちに、満ち足りた申し分のない気持ちをもたらしてくれるのよ」

「真実の、深い言葉ですね」とアレックスが頷く。「誰もが感じたいとは思ってるんですよね——自分は影響をもたらしている、目標に向かって前進している、と」

「そうね。なのになぜ、人生がもうすぐ終わるというときまで、私たちは気づかないのかしら。幸せになるには、愛する人やほかの人に尽くすほかない。持ち物をどんどん増やしてもだめなんだってことを、理解するのは無理なのかしら」。ヴィクトリアが問う。

「臨終まぢかの人を対象にした研究……あのメッセージは、胸に刺さります」。アレックスが考えをめぐらせながら言った。

「でしょう？」ヴィクトリアの声に熱がこもる。「この世を去ろうとしている人は誰ひとり、もっとものを持てばよかった、なんて言わない。彼らが口にするのは、生きている間にできた、人とのつながり、経験、絆、そして貢献のことなの。そうと知ったからには、この知恵を存分に活かし、目的が、人生を前へ進める原動力になるようにしましょう」

「おっしゃるとおりです。心から賛成します」と、アレックスは気持ちを伝えた。

その一〜六の罠に取り組んだときと同様、アレックスは、話し合っている間ずっと、赤いノートにメモをとり続けていた。ページを埋め尽くすこの素晴らしい英知のおかげで、アレックスの人生は変わった。彼は、ノートと、そこに残る成長の跡とを、とても大切に思うようになっていた。

Trap7 ―― 目的の罠

▼この罠にかかってしまう理由

1 私たちは、ものが増えるのを当たり前だと考えている。人生の目的は、持ち物を増やしてため込むことだと、信じ込んでいるのである。

2 私たちは、絶えず幸せを追求している。そして、次に発売される新しいものを持てば、今より幸せになれると信じてしまっている。

3 私たちは、消費という競争に夢中になってしまっている。つまり、持ち物の多少を、成功を測る物差しにしてしまっている。いちばん多く持っている人が勝者だ！ たくさん持っていれば、それだけいっそう成功しているにちがいない、と考えるのである。

▼ありがちなアプローチ

持ち物が保管場所に入りきらなくなったら、家やガレージを広くして、収納場所を増やそう。それができないときは、トランクルームを一つ、あるいは二つか三つ借りるといい。

▼啓示的《エピファニー》ブレイクスルー

本当の幸せは、ほかの人に尽くし、意義深い貢献をし、長く続く人間関係を築くことによって手に入れることができる。ものを持つことが果たす役割は補助的であり、人とのつながりより重要度が高くなることはない。

ヴィクトリアがアレックスに尋ねた。

「気分はもうすっかりトラポロジスト?」

「その方向へ向かっているとは思いますが、それでも先は長そうです」

「ありがたいことに、私たちにはまだ、生きて、学び続ける時間がある」。ヴィクトリアが励ますように微笑む。「そして、今日のスケジュールはこれで終わりじゃない！　新たに始める研修ビジネスのこと、いろいろ考えなくちゃ！」

「ええ、たしかに。それにしても、七つめの罠は、なかなか奥深いですね、ヴィクトリア。自分勝手に考えて悩むより、はっきり教えてもらえて、本当によかったと思います。そして、ええ、僕たちの新しいビジネスについて、プランを練りましょう！　この件を考えると、希望が湧き、新しい目的意識が生まれてきます。早く取りかかりたくてたまりません。今、少し話せますか」

「もちろん。今はもう、楽しいことをする時間だわ！」ヴィクトリアの声が明るくはずむ。

それから一時間、二人は、まるでもう何年も一緒に仕事をしてきたかのように、詳細を話し合った。この一年の間に強めた絆のおかげで、信頼と親密さの土台を築き、そのうえで、ビジネス上の関係をつくることができた。

ようやく話が終わり、電話を切ろうとしたとき、ヴィクトリアが、キムと子どもたちのことを尋ねた。「元気ですよ」と、アレックスは軽く受け流す。

「よろしく伝えてちょうだい」

「ええ。ありがとうございます、ヴィクトリア」

最高の旅

駆け足で、二カ月が過ぎた。

アレックスは今、新規ビジネスの第一回プログラム開催のため、ホノルルに来ている。この時期を選んだのは、子どもたちが春休みに入り、一緒に来られるためだ。

会社を立ち上げてから、ローラがパートタイムで仕事をし、プログラムの後方業務を担当してくれている（一方で、高校の最終学年を修了した）。マイケルは、太陽とサーフィンを楽しむためにハワイに来た。

幸い、ビッグ・イベントまでには、まだ数日ある。準備に十分な時間をかけられるよう、早めにやってきたのだった。

ふたたびハワイに来たことで、アレックスは、キムと別居して一年になるのだと、あらためて思った。なんという激動の一年だったことだろう。この一二カ月、気の休まるときがなかった気がする。

アレックスが研修プログラムを、宿泊するホテルで主宰することになっているため、部屋が、寝室二部屋の、海を望むスイートルームにグレードアップされた。美しい青緑色の海がどこまでも広がり、椰子の木がそよ風にゆれる。寄せては返す波に、アレックスはやはり、見入らずにいられなかった。

スーツケースから衣類を取り出し、タンスの引き出しに入れていく。マイケルとローラは、かばんを置くなり、プールまで競走だと言って飛び出していってしまった。ひとりで静かな時間を過ごすのも、悪くない。そう思ったとき、電話が鳴った。驚きつつ、アレックスは受話器を取り、もしもしと言った。

「もしもし、アレックス」。明るいキムの声がした。

「やあ、キム。どうしたんだい。調子は?」

「ええ、絶好調よ。あなたにプログラムのお祝いを言いたくて」

「ありがとう。電話をもらえて、とてもうれしい。どうやら大勢に来てもらえそうなんだ」。あくまで前向きに、アレックスが言う。

「すごいじゃない。何人くらいになりそうなの」。キムが尋ねる。

「全部で四八人かな」

「実は」と、言葉を選ぶようにキムが言う。「もう一人くらいなら、何とかなるかしらと思ったんだけど」

「どうかな。こんなぎりぎりの申し込みに対応できるかどうか、ローラと検討してみないと。来たいというのは誰？」アレックスが聞く。

「私よ！」大きな声でキムが答える。

「え？　本気で言ってるのか？　このプログラムに参加するために、はるばるハワイまで来るって？」アレックスが尋ねる。

「いいえ……じゃなくて、そうよ、もちろん。あの……アレックス、私、縒《よ》りを戻したいの」。抑える間もなく、言葉がキムの口から飛び出した。

アレックスの心臓が激しく鼓動を始める。こんなの夢だ、きっとそうだ……。

「今、何て？」やっとのことで、それだけ口にする。

「聞こえなかったの？」少しぴりぴりして、キムが聞く。

「一瞬、これは夢だ、と思った」。アレックスが息を吐き出す。

「アレックス、私、もう一度、四人で家族になりたいの」

呆然としたきり、アレックスは、何と答えればいいのか、言葉が見つからない。

キムが先を続けた。

「あなたがどんなふうに変わったか、子どもたちから聞いて、ずっと驚いていたの。マイケルはこう言ってたわ。家事をするあなたは、まるでフローレンス・ナイチンゲールみたいだとか、あの子たち二人のことも、あの子たちが関心を持っていることについても、ものすごく支えてくれてるとか。

借金返済へビにには本当にびっくりよ！　あと少しで、クレジットカードの支払いに悩まされることが永遠になくなるなんて、信じられない。人って、こんな短い間に、びっくりするほどいい方向へ変われるのね。いいえ、短くなんかなかった。とても長かった……」

キムの声が、落ち着かなげに、小さくなっていく。

アレックスは、キムとの関係を修復するのは長くつらい道になるだろうと思っていたし、実際これまでそうだった。それが今、何の前触れもなく、キムのほうから、戻りたいと言い出すとは。アレックスはただただ驚いていた。

キムの言葉に、彼は現実に引き戻された。

「こんなに強く思ったことがないくらい、一緒にいたいって思うの。あなたがいないと、寂しくてたまらない」

相変わらず、アレックスは言うべき言葉が見つからない。キムが、あふれる思いをこらえるように言った。

「あなたをどんなに愛しているか、やっとわかったの」

アレックスの目に、涙があふれる。「キム、僕もだ。きみを愛してる」

「その言葉をどんなに聞きたかったことか。ところで、ドアをあけてくれない？」

「え？」アレックスが、きょとんとする。

「ドアをあけてちょうだい」。キムが繰り返す。

「ドアって、どの？」

「アレックス、あなたの部屋に入るドアをあけて」。有無を言わせぬ調子で、キムが言った。

アレックスは受話器を置き、ドアへ走って、さっと大きくあけた。キムが、変わらず美しい姿で、立っていた。

「キム」。アレックスが息を呑む。「どうして、きみがここに！」

キムはアレックスの胸にもたれかかり、とめどなく涙した。とても長い間、二人は何も言わず、動きもせず、そのままでいた。ようやく、キムが体を離し、夫を見上げる。

「もうこれ以上、耐えられないと思った」。キムが説明する。「それで、何のためらいもなく飛行機に飛び乗ったの」

「だけど、仕事は？　大好きな仕事なんだろう、キム。やめたらだめだ」。アレックスが諭すように言う。

「ええ、大好きよ」。きっぱりと言って、キムは頬の涙をぬぐった。「私たち、細かいことはまだ解決できていないけど、結婚生活をうまくやっていく方法をきっと見つけられると思うの」

アレックスがキムをぐっと引き寄せる。

「きみがここにいることを、子どもたちは知ってるのか?」

「いいえ、ぜんぜん」。アレックスを見上げて、キムが笑った。

まさにそのとき、ローラとマイケルのおしゃべりする声が、廊下から聞こえてきた。

「二人とも、元気にしてた?」

キムが晴れやかに微笑み、両腕を大きく広げる。

「ママ⁉」

二人は同時に狂喜の声をあげ、部屋を突っ切り、押し倒さんばかりの勢いでキムに抱きついた。母子のハグにアレックスも加わり、ほどなく四人とも涙を流し、そして笑った。

「ママ、ここで何してるの? 何がどうなってるの? パパが考えたの? ママが来ること、パパは知ってたの?」

答える間も与えず、子どもたちの口から質問が飛び出す。

キムが二人をぎゅっと抱きしめた。

「こんなにも長い間、なぜあなたたちと離れていられたのかしら」

その晩は、外に食べに行かず、ルームサービスを頼んだ。食事は驚くほど美味しく、おかげで、何カ月もばらばらだった四人がすんなり、家族になることができた。

その晩遅く、アレックスとキムは海辺へ散歩に出かけた。手をつないで歩くという、ただそれだけの行為が、こんなにも大きな意味を持つことがあるのだと知って、アレックスは目を見はった。足元のさらさらした砂の感触や、打ち寄せる波の優しい飛沫《しぶき》を、二人で楽しむ。アレックスの心は、どこまでも穏やかで、感謝に満ちていた。妻のことも子どもたちのことも、もう二度とないがしろになどしない。彼は固く心に誓った。

二日後、ついに研修プログラムの日が来た。準備は万端だ。プログラムは一日かけて行われ、次いで、一コース一カ月のコーチング・コースが、七カ月にわたって続く——一つの罠につき、一コースである。アレックスとヴィクトリアとローラは、努力がようやく実を結ぶのを、早く見たくてたまらなかった。キムは、三人が力を合わせてアイデアを実現させた創造力に、目を見はらずにいられなかった。

当初、アレックスたちは、三〇人くらい参加してもらえればと思っていた。ところが、登録受付期間が終わったとき、四八名もの申し込みがあった。今では、次のプログラムを希望する、キャンセル待ちのリストまでできていた。

プログラムが始まるまであと一時間という頃、ローラは忙しそうに参加者の名札を整理していた。その手が、ある名前を読んだときに止まった。ローラは、両親とヴィクトリアが立っているところへ歩いていった。

「パパ、チャールズ・ミッチェルという人と一緒に、よく仕事したりゴルフしたりしてなかったっけ」

アレックスが名札に目を走らせる。

「まさか、嘘だろ……」

そうつぶやいたアレックスは、ヴィクトリアとキムのほうを向き、大声で言った。

「チャズが申し込んでるなんて！　あり得ない！」

キムはあきれたような顔をし、ヴィクトリアは心得顔で片目をつぶる。

プログラムが始まる直前に、チャズが気取った様子で部屋に入ってきた。スプレー・タンニングによる、日焼けしたようなオレンジ色がかった肌に、目の覚めるような明るい色のアロハシャツ、頭にレイバンのサングラス、という出で立ちだ。アレックスたちに近づくと、好奇心をむき出しにして、ヴィクトリアにちがいないと思う女性のほうを向いて言った。

「あなたですね……アレックスの人生をがらりと変えた、ヴィクトリアというのは」

「ええ、私よ」。ヴィクトリアが鷹揚《おうよう》に微笑む。「夫のロブと私と一緒に、座らない？」

このやりとりを聞きながら、アレックスとキムの顔がほころぶ。いろいろあったが、すべてが元どおりになったのだ。

部屋を埋め尽くす受講者たちに視線を移したアレックスの胸に、限りない感謝がこみ上げる。前途に広がる可能性に胸を躍らせながら、彼は真心にあふれて人々の前に立った。

「みなさん……当プログラム、『トラップ・テイルズ（罠の物語）』へようこそ。

今からお話しする物語に登場するのは、架空の人物ではありません。

それどころか、彼らのことを、みなさんはすでによくご存じです。鏡を見れば、そこに映っていますから」

トラポロジストのツールボックス

罠の四つの特徴

1 魅力たっぷりに見える——罠はあなたを、知らぬ間に引き寄せる。
2 たやすく人をだます——いっときは楽しく過ごせるが、やがて、苦しい思いを延々とすることになる。
3 厄介である——流砂と同じで、落ちたら最後、抜け出すのは至難の業である。抜け出し、二度と落ちないようにするためには、これまでにないアプローチを使う必要がある。
4 私たちの行動を制限する——目標に向かって前進するのを不可能にする。

進歩の四段階：罠にかかってから成功するまで

1 苦しみ——罠がもたらす恐ろしい現実を実感する。
2 自覚——自分が罠にかかっていることに気づく。
3 成功——戦略を忠実に実践し、罠から抜け出す。
4 豊かに生きる——罠から解放され、思いどおりの進歩を経験する。

トラポロジー

罠について研究する学問。

トラポロジスト

罠を見抜き、避ける達人。

啓示的《エピファニー》ブレイクスルー

行動を見違えるように変化させる、これまでにない優れた考え方や知恵、つまり啓示《エピファニー》。

罠とあべこべのことをする

罠の正反対のことをして、罠を乗り越える。

Trap1～7のまとめ

Trap1
夫婦・恋人関係の罠――既婚独身者として行動する

この罠に陥る主な理由

1　相手より自分の育った環境のほうが上だと思っている。
2　考え方の軸を、「私」から「私たち」へ、シフトできていない。
3　変わるのを渋る、あるいは、相手が先に変わるなら自分も変わろうと思う。

啓示的《エピファニー》ブレイクスルー

夫婦のあり方や結婚生活について考えを共有し、実現する方法についても意見を一致させる。

実践ステップ

パートナーと意見が一致したことについて、書きとめ、記憶に刻みつけよう。

1　どのように金を使うか。

2　子どもがいる場合、どのように育てるか。

3　子育て中の役割をどうするか。二人ともフルタイムで働くのか。家事をどのように分担するか。

罠とあべこべのことをする

意見が合わないときは、その問題をどれくらい重要だと思うかを互いに質問し、10段階で評価しよう（全く重要でないと考える場合は1、きわめて重要だと思う場合は10）。正直に評価すること。その問題について、パートナーはあなたより重要だと評価するかもしれないが、思うとおりに評価してもらおう。

今日、なぜこの罠が生まれるのか？

・労働人口の半分が、女性である。

・昔のやり方――過去の文化的規範――が通用すると思ってはいけない。現代においては、さまざまな役割、とくに家事について、夫婦で話し合う必要がある。

・別居や離婚が「よくあること」になっている。
・インターネットを通じて新しい出会いを見つけるのが、たやすくなっている。
・別々に生活するほうが気楽である。パートナー同士が、一緒に何かをする必要がなくなっている。

「結婚生活の罠」に関してするべき問い

1 結婚生活や夫婦関係について、チームとして行動しているか。それとも、二人の既婚独身者として行動してしまっているだろうか。
2 一緒につくりたいと思う人生について、考えを共有しているか。わくわくするのは、どんな未来か。どんな目標に向かって、ともに歩んでゆくか。
3 育った環境にどんな違いがあるか。それらの違いは、二人の関係のどんなところに表れているか。子どもたちに伝えたいと思う、最もよいところはどの点か。
4 子どもがいる場合、どのように育てたいと考えているか。二人の方針に、どのような違いがあるか。どんなことをすれば、もっと協力し合って、効果的に子育てをすることができるか。
5 家事をどのように分担するか。今の分担の仕方に、二人とも納得しているか。納得できていない場合、不公平感をなくすために、どんなことをしていくか。

学びのノート

この罠から、どんなことを学んだか。

その学びを生活に取り入れたら、次はどんな行動をとることになるか。

Trap2
金・借金の罠——負債という流砂

この罠に陥る主な理由

1　私たちは、金銭的近視眼《マネー・マイオピア》という病気にかかっており、今がよければそれでいいと思ってしまっている。

2　私たちは、他人と張り合うための消費という悪循環に陥っており、「みんなに負けまいとして見栄を張ろう」としている。

3　私たちは、現実から目をそらしている。最悪の事態に見舞われるのは他人で、自分は大丈夫、と思い込んでいる。

啓示的《エピファニー》ブレイクスルー

借金の返済にゲーム感覚で取り組み、楽しく、興味深く、張り切ってできるようにする。

家族全員で、スコアボードをつくり、家の中に掲示する。

実践ステップ

自分にぴったり合う「借金返済お助けヘビ」をつくろう。

注意点：紙製のヘビは、借金を減らしていくための一つの方法にすぎない。発想を豊かにし、やる気が高まる独自のスコアボードをつくろう。

罠とあべこべのことをする

借金を完済したら、それまで借金の返済に充てていた金をすべて、木の葉を増やすために使おう。紙の木を用意し、次のものを表す三本または四本の枝をつけ、その枝に葉を増やしていこう。

1　預貯金
2　投資
3　子どもの教育資金（該当する場合）
4　老後の蓄え

今日、なぜこの罠が生まれるのか？
・手軽にクレジットカードを使える。
・宣伝と勧誘がしつこく行われる。
・金にはもはや、たしかな存在感がない。すなわち、実体がないように思われる。

「金・借金の罠」に関してするべき問い

1　どうすれば、経済状態が上向いていることを、目で見てはっきり確認できるか。独自の借金返済ヘビ、あるいは、返済意欲を刺激する同様のものをつくれないだろうか。
2　借金を早く減らすために、手放せるものは何か。借金完済のために、金の使い方をどのように変える必要があるか。

3　もし借金がなかったら、複利の力を活かして、どんな行動をとることができるか。

学びのノート

この罠から、どんなことを学んだか。

その学びを生活に取り入れたら、次はどんな行動をとることになるか。

Trap3
焦点《フォーカス》の罠――取るに足りないものに夢中になる

この罠に陥る主な理由

1　押し寄せてくるものが多すぎる。それなのに、エネルギーや時間や注意を傾ける価値の、あるものとないものを選別していない。

2　私たちは四六時中、インターネットや電子社会につながっている。だが、そうした世界にあるものの大半が、取るに足りないものである。

3　私たちは、忍耐力が足りなくなっており、ものごとが自分の希望する時間枠で起きるのを——遅くとも、ただちに起きるのを——期待している。この上なく素晴らしいものを得るには時間がかかること、一瞬では手に入らないのだということを、私たちは認識できていない、あるいは忘れてしまっている。

啓示的《エピファニー》ブレイクスルー

全部をやるのは無理である。必要なのは、重要でないものを選別し、どうでもいいものを切り離すこと。また、自分が最も価値を置くものに「イエス」と言えるよう、もっと頻繁に「ノー」と言えるようになる必要もある。

実践ステップ

この罠に誘惑されて目標を見失っていないかどうか、三カ月ごとに判断し、記録しよう。

罠と正反対のことをする

インターネットや電子メールや電子機器にいっさい関わらずに、一週間あるいは休暇を過ごしてみよう。どんな気分だろう。どれくらいの頻度で、そうした時間を過ごしたいと思うだろう。

今日、なぜこの罠が生まれるのか?

・私たちの関心を引くものが増えている。読んだり、聴いたり、見たり、したりすべきものごとが、とても多くなっている。
・テクノロジーは、私たちの関心を引くように設計されており、私たちは衝動的に反応してしまう。ゲーム感覚でタスクを完了したり、誰かからメッセージをもらったりすると、脳にドーパミンが大量に流れるのだ。
・仕事でも、付き合いにおいても、常につながったり話したりできることを期待している。
・今日のコンピュータや電話は二通り、すなわち仕事にも遊びにも使われる。両方の情報源になっており、境界が曖昧になりやすく、気を散らすものが入ってこないとも限らない。
・情報過多の現代社会においては、大切なこととそうでないことの区別がつきにくくなっている。
・楽しいことや気を散らすものに対し、選択肢が無限にある。

「焦点《フォーカス》の罠」に関してするべき問い

1　重要でないものを生活から締め出す、いい方法がないだろうか。するべきことに集中し続けるには、どうすればいいか。邪魔するものに、どう対応すればいいか。必然的に起きる大問題に、どのように対処すればいいか。

2　パソコンやスマートフォンの画面を、私は一日にどれくらい見ているか。その時間のうち、有益なのは何パーセントだろう。時間の無駄なのは何パーセントだろう。

3　取るに足りないものごとに、自分はなぜ夢中になるのか。時間をいちばん無駄に使っているのは、どんなことだろう。そのことからの影響をなくす、あるいは減らすには、どうすればいいだろう。

4　職場環境やスケジュールをどのように変えたら、重要でないことに関わる時間を減らせるか。どんな悪い習慣や不要な会議に、私は集中するのを妨げられているか。

学びのノート

この罠から、どんなことを学んだか。

その学びを生活に取り入れたら、次はどんな行動をとることになるか。

Trap4
変化の罠――先延ばし。成長と劇的な変化をだめにしてしまうもの

この罠に陥る主な理由

1　変わることは難しい。それは、面倒で苦しい場合がある。
2　人はとかく、変化を先延ばししようとする。
3　完璧主義者は、「完璧なことができないなら、挑戦さえもしないほうがいい」という考えにとらわれて生きている。

啓示的《エピファニー》ブレイクスルー

環境の力によって変わらざるを得なくなるのを待つのではなく、心の声に指示されたとき

に、思いきって自分を変える。

実践ステップ

重要な決定をしなければならないときには、ひと息ついて、心の声が語りかけてくる言葉をよく考えよう。この声に、いつどんなときも、耳を傾けよう。

罠と正反対のことをする

心の声は、教養があり、一生を通じて、内なるコンパスの役目を果たしてくれる。この声と仲良くなることによって、常に有利な立場に立とう。

今日、なぜこの罠が生まれるのか?

・私たちは、きわめて多くのものに気を散らされており、ものごとを先延ばしにしやすい。
・本当の自分と、他人の目に映る自分との区別が、難しくなっている。
・完璧にはできないかもしれないのに、なぜ変える必要があるのか。そこにどんな意味があるのか、と考えてしまう。

「変化の罠」に関してするべき問い

1　いやでもしなければならない変化について、私はこれまで深く考えてきただろうか。必要な変化を妨げているのは何か。(家族や友人を含めて)どんな支援体制を整えたら、私が必要な変化をするのを後押ししてもらえるか。

2　どのような変化を、私は先延ばしにしているだろう。どんな環境や思い込みのせいで、変われずにいるのだろう。心の声の力によって、積極的に変わろうとするか。それとも、環境の力によって強制される必要があるか。

3　私には完璧主義者の傾向があるだろうか。もしあるなら、それが原因で、するべき変化がどのように制限されてしまっているだろう。どんなことをすれば、完璧主義の傾向を克服できるだろう。

学びのノート

この罠から、どんなことを学んだか。

その学びを生活に取り入れたら、次はどんな行動をとることになるか。

Trap5
学びの罠――間違うことと、それを私たちが誤解している理由

この罠に陥る主な理由

1 自分の選択に対し、責任を負わない。間違いを認めるよりむしろ、隠したり、嘘をついたりする。

2 間違うことを、学習プロセスの一部ではなく、性格上の欠点だと考えてしまう。

3 誰しも、他人に見せたいイメージがある。だが、欠点を見られてしまうと、そのイメージが、傷ついたり悪くなったりしてしまう。そのため、本能的にこのイメージを守ろうとする。

啓示的《エピファニー》ブレイクスルー

努力やプロセスを、最終的な結果と同じくらい、楽しみ、称える。間違いは、多くを教えてくれる。そのため、隠すのではなく、それから学ぶ。

実践ステップ

次の三つの問いに、イエスと答えられるかどうかを、三カ月ごとにチェックしよう。

1 何かを間違ったとき、私はそれを、学ぶチャンスと捉えているか。捉えているなら、何を学んだか。

2 試行錯誤とくどいほどの反復という定石を踏んで、人は成長する。私は自分の人生で、この定石を踏んでいるか。

3 素晴らしい革新の多くが、たゆまぬ努力と、失敗をものともせず大成功するまでやり抜くことによって、生まれている（トーマス・エジソンと電球のエピソードを考えてみよう）。この実証済みのアプローチを、私は仕事やプライベートで実践しているか。

罠と正反対のことをする

間違いを受け容れることを、ほかの人たちに勧めよう。家族や組織の中で、どんどん変化を促そう。学びに関する原則を着実に実践する人として、手本になろう。

今日、なぜこの罠が生まれるのか？

・ソーシャル・メディアの利用者が増加し、ほかの人の生活が目を見はるほど素晴らしく、自分の生活が変化に乏しくつまらないものに見えるようになっている。そのため、本当の自分とは違う自分や、実際より素晴らしい自分というイメージを演出しなければならない、と思ってしまう。

・ほかの人がみな完璧であるように見えるため、自分の間違いや欠点を隠したりごまかしたりして、他人に気づかれないようにしなければならなくなっている。

「学びの罠」に関してするべき問い

1　最近、何かを間違ったとき、私は、目を背けたり、正当化したり、軽視したり、隠したりしようとしなかっただろうか。そのような行動をしている場合、自覚して、しているだろうか。次に間違ったとき、進歩のプロセスの一部として受け容れるには、どうすればいいか。

2　過去にした間違いについて、くよくよ悩んでいないか。自分を責めていないか。自分を許せるようになったか。できていないとすれば、なぜか。同様の試練に次に遭った場合、どんなことを自分に言い聞かせたら、乗り越えやすくなるか。

3　私がどんなことをしたら、家族はもっと、結果ではなく努力や進歩に目を向けられるようになるだろう。職場のチームにも同様になってもらうために、何をすればいいか。間違いを受け容れることをほかの人に促すには、どうすればいいか。

学びのノート

この罠から、どんなことを学んだか。

その学びを生活に取り入れたら、次はどんな行動をとることになるか。

Trap6
キャリアの罠——安住する、つまり、仕事に対して情熱やわくわくする気持ちを失う

この罠に陥る主な理由

1　仕事で得る収入に、経済的に依存している。
2　職場環境がつまらない。自分の力を最大限に発揮できない。結果として、情熱とわくわ

くする気持ちを持てないのに、その職場に甘んじてしまう。

3　短期間のつもりで選んだ仕事を長期にわたって続けてしまい、キャリアのコンフォート・ゾーンに安住している。

啓示的《エピファニー》ブレイクスルー

一生の仕事としてふさわしいかどうかの判断基準となる四つの側面――収入、アイデア、情熱、目的意識――のすべてに適う仕事をせよ。

実践ステップ

仕事が、四つの側面に十分適っているかどうかを、三カ月ごとに評価しよう。評価に最も役立つのは、次の四つの問いに「イエス」と答えられるかどうかだ。

1　適正な報酬を得ているか。（収入）
2　自分のアイデアが建設的に活用されているか。（アイデア）
3　情熱をもって仕事に取り組めているか。（情熱）
4　貢献をしているか。（目的意識）

もし、一つでも「ノー」の答えがあるなら、いつも「イエス」と言えるよう、なんらかの形で職場環境を変えられないか努力してみよう。三カ月ごとの評価を何度かしたのちも「イエス」と答えられない場合は、勤め先を変えるか、別の職業に就くことを考えよう。

罠と正反対のことをする

職場の同僚にも、変化を促そう。彼らにも、四つの問いによる評価を使って、情熱やわくわくする気持ちを見つけてもらおう。

今日、なぜこの罠が生まれるのか?

・一生をかけるにふさわしいかどうかの判断基準である四つの側面すべてを満たす仕事は、見つかるのに、探していない。
・今日の市場には、選択肢となる仕事が数多くある。そのため、打ち込んでできない仕事なら、それでよしとすべきではないのに、甘んじてしまっている。

「キャリアの罠」に関してするべき問い

1　仕事に対する報酬は適正か。適正である理由、あるいは適正でない理由は何か。適正でない場合、将来的に変わる可能性はあるか。過小評価されているのは、なぜか。それに対し、何か打つ手が自分にあるか。それとも、もっと高く評価してくれる職場を探したほうがいいか。

2 職場で自分のカラーを出すな、と言われていないか。私の考え方が必要とされているか。私の意見は、耳を傾けられ、尊重されているか。

3 会社は敬意をもって私に接しているか。私は、ほかの人たちと仕事に取り組むのを、楽しいと思っているか。そうした同僚とのつながりは、私にとってどれくらい重要か。従業員や、同僚や、仲間として、大切にされていると思えるか。自分の力を最大限に発揮するのを支援してくれるメンターがいるか。

4 どんな仕事をした人として、みんなに記憶してもらいたいか。この会社に所属していることを誇りに思っているか。仕事のどんな面に、私は最も価値を置いているか。退職するとき、自分の貢献を誇らしく思えるだろうか。

学びのノート

この罠から、どんなことを学んだか。

その学びを生活に取り入れたら、次はどんな行動をとることになるか。

Trap7
目的の罠——ため込むこと、つまり私たちが最後まで気づかない究極のまやかし

この罠に陥る主な理由

1 私たちは、ものが増えるのを当たり前だと考えている。人生の目的は、持ち物を増やしてため込むことだと、信じ込んでいるのである。

2 私たちは、絶えず幸せを追求している。そして、次に発売される新しいものを持てば、今より幸せになれると信じてしまっている。

3 私たちは、消費という競争に夢中になっている。つまり、持ち物の多少を、成功を測る物差しにしてしまっている。いちばん多く持っている人が勝者だ！　たくさん持っていれば、それだけいっそう成功しているにちがいない、と考えるのである。

啓示的《エピファニー》ブレイクスルー

本当の幸せは、ほかの人に尽くし、意義深い貢献をし、長く続く人間関係を築くことによって手に入れられる。ものを持つことが果たす役割は補助的であり、人とのつながりより重要度が高くなることはない。

実践ステップ

どこか遠いところへ引っ越すかのように、年に一度、持ち物をチェックしよう。ため込んだ、しかし今では大切に思っていないものは、寄付するか、捨てよう。

罠と正反対のことをする

壊れた人間関係を修復したり、大切に思う人との弱くなったつながりを強固にしたりしよう。

今日、なぜこの罠が生まれるのか?

・選択肢がこれほど多かった時代は、人類史上ほかにない——現代は、ものをため込みやすくなっている。

・ものをたくさん持つこと、イコール成功である。少なくとも、そう考えるのが当たり前になってしまっている。

・私たちは、ものがあふれる世界で暮らしている。欲しいものが、世の中にあまりにたくさんある。

・私たちの感情を利用するのが、広告主はどんどんうまくなっている。もっとたくさんため込まなければ、と私たちに信じ込ませるのが、狙いである。

「目的の罠」に関してするべき問い

1 もし遠い外国へ引っ越すなら、何を持っていくだろう。残していくものは何か。持っているもののうちどれかを、今すぐ処分することはできないか。

2 最近、買ったものを思い返してみよう。暮らしの価値を本当に高めたのはどれか。高めていないのは、どれか。これによって、今後買うものについてどんな判断をすべきであることがわかるか。

3 私をこの上なく楽しい気持ちにしてくれるのは誰か。その人と、どれくらいの時間を、ともに過ごしているか。

4 かけがえのない大切な思い出はどんなことか。どんなことをしたら、そうした思い出を増やせるか。

学びのノート

この罠から、どんなことを学んだか。

その学びを生活に取り入れたら、次はどんな行動をとることになるか。

感謝の言葉

・私たちの妻、パメリンとマリー・ジェネットに。二人は、持てるすべての情熱と精力を、このプロジェクトに注いでくれた。本書に命を吹き込み、最初から最後まで力を尽くし、素晴らしい結果をもたらしてくれた。延々と続く編集をやり遂げ、どこまでも熱く応援してくれて、ありがとう。愛してる！

・愛情を注ぎ、力になってくれる家族に。

・本書の概略と、構造と、アイデアに、誰より誠実かつ絶えず力を注いでくれたデビッド・ウェストレー・コヴィーに。私たちを導き、支えてくれてありがとう。無限のエネルギーと、ひたすら前向きな姿勢に感謝する。

・ジャクリーン・ヘイワードに。私たちが書いた原稿から不要な部分をそぎ落とし、細かい点に手を入れて、アレックスの物語に彩りと奥行きを加えてくれた。

・ジェイコブ・コヴィーに。七つの罠とすべき候補を探究・提案してくれた。「啓示的《エピファニー》ブレイクスルー」と「罠に関してするべき問い」についても、有用な意見をくれた。

・サラ・アビラ・コヴィーに。原稿が読みやすくなるよう、素晴らしい手腕を発揮して体裁を整え、的確なアドバイスをくれた。

・イエルク・シュミッツに。七つの罠という手法に大きな貢献をしてくれた。

・ウェンディ・ガーリー、エイミー・ホワイト、カーラ・ヘーシュ、そしてセカンド・サイト・スタジオに。その優れた知恵と、物語を書く専門知識と、豊富なアイデア、それらすべてが、アレックスの物語を生き生きとさせてくれた。

・マリア・コールに。前向きな言葉とひらめきを与え、妥協のない手直しをしてくれた。

・手際がよく、頼りになるアシスタントのリズ・ゴッターに。いろいろな提案をし、助けてくれれて、ありがとう。

・出版社ジョン・ワイリー・アンド・サンズの、このプロジェクトに対するビジョンと、方向性と、支援に。具体的には、ジーネン・レイ、シャノン・バーゴ、デボラ・シンドラーの、優れた知恵と、専門知識と、抜群の編集に。あなたがたがいなければ、本書を完成させることはできなかった。完成までのプロセスを、素晴らしい経験にしてくれて、ありがとう。

・スティーブン・M・R・コヴィーに。序文の執筆を快諾してくれたこと、そして、私たちがぜひ見習いたいと思う「現代のヴィクトリア」であることに。

・日々取り組む仕事を、やりがいのある、充実したものにしてくれる、世界中のビジネス・パートナーと友人に。みなさんとの協働は、私たちにとって宝物だ。

原注

Trap1　夫婦・恋人関係の罠

＊１　Alan Deutschman, 〝Change or Die,〟 Fast Company, May 1, 2005.
『ファストカンパニー』誌（２００５年５月１日）掲載、アラン・デウッチマン「変革か死か」より。

Trap2　金・借金の罠

＊１　J. Reuben Clark, Conference Report, April 1938, 103.
「大会報告」（１９３８年４月１０３頁）、Ｊ・ルーベン・クラークの言葉。

Trap3　焦点《フォーカス》の罠

＊１　Kevin Matthies, 〝Mobile Social Networks Growing Rapidly, Says New Report,〟 Mobile Marketing Watch, June 12, 2015.

＊２　Nicholas Kardaras, 〝It、s `Digital Heroin、:HowScreens Turn Kids into Psychotic Junkies,〟 New York Post, August 27, 2016.

＊３　Steve Jobs, Interview with BusinessWeek, October 11, 2004.
『ビジネスウィーク』（２００４年10月11日）掲載、スティーブ・ジョブズへのインタビューより。

Trap4　変化の罠

＊１　Jim Taylor, 〝Business: Why Change Is So Hard and How to Make It Easier,〟 Psychology Today, October 21, 2009.

＊２　Ibid.
同論文を参照。

＊３　Maxwell Maltz, Psycho-Cybernetics (New York: Simon & Schuster, 1960).

Trap5　学びの罠

＊１　Malcolm Gladwell, Outliers: The Story of Success (New York: Little Brown and Co., 2008), 50.
マルコム・グラッドウェル『天才！ 成功する人々の法則』（講談社）

＊２　Ibid.
同書を参照。

＊３　Carol Dweck, Mindset: The New Psychology of Success (New York: Random House, 2006), 175.
キャロル・ドゥエック『マインドセット：「やればできる！」の研究』（草思社）

＊４　Ibid., 176.
同書１７６ページを参照。

＊５　Ibid., 41.
同書41ページを参照。

＊６　Ibid., 37.
同書37ページを参照。

＊７　Jim Loehr, The Power of Story: Change Your Story, Change Your Destiny in Business and in Life (New York: Free Press, 2007), 5.
ジム・レーヤー『The Power of Story』

＊８　Ibid., 126?131.
同書１２６～１３１ページを参照。

Trap6　キャリアの罠

＊１　Steve Jobs, Interview with Fortune, March 7, 2008.
『フォーチュン』誌（２００８年3月7日）掲載、スティーブ・ジョブズへのインタビューより。

デビッド・M・R・コヴィー
世界規模での人材教育・研修の分野における著名な専門家として知られる。SMCOVの共同創業者、共同CEOであり、ThomasLelandの共同創業者でもある。リーダーシップおよびグローバル・ライセンシングの専門家。スティーブン・R・コヴィーの三男として、生まれたときから「7つの習慣」の中で暮らしている。

スティーブン・M・マーディクス
世界規模での人材教育・研修の分野における著名な専門家として知られる。SMCOVの共同創業者、共同CEOであり、ThomasLelandの共同創業者でもある。

野津智子（のづ　ともこ）
翻訳家。獨協大学外国語学部フランス語学科卒業。主な訳書に、『[新訳]最前線のリーダーシップ』『チームが機能するとはどういうことか』『謙虚なコンサルティング』『サーバントであれ』（いずれも英治出版）、『仕事は楽しいかね?』（きこ書房）、『グレートカンパニー』（ダイヤモンド社）、『夢は、紙に書くと現実になる!』（PHP研究所）などがある。

成功《せいこう》をひそかに妨《さまた》げる「人生《じんせい》の落《お》とし穴《あな》」
やってはいけない7つの「悪《わる》い」習慣《しゅうかん》

2019年1月20日　初版発行

著　者　デビッド・M・R・コヴィー
　　　　スティーブン・M・マーディクス
訳　者　野津智子
発行者　吉田啓二

発行所　株式会社日本実業出版社　東京都新宿区市谷本村町3－29 〒162-0845
　　　　　　　　　　　　　　　　大阪市北区西天満6－8－1 〒530-0047
編集部　☎03－3268－5651
営業部　☎03－3268－5161　振　替　00170－1－25349
https://www.njg.co.jp/

印刷・製本／三晃印刷

ISBN 978-4-534-05664-1　Printed in JAPAN